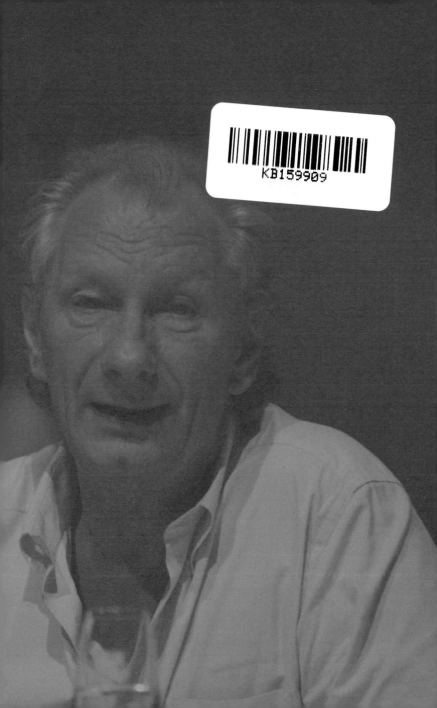

KB159909

자본과 언어

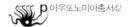아우또노미아총서42

자본과 언어
Capital and Language

지은이 크리스티안 마라찌
옮긴이 서창현

펴낸이 조정환
책임운영 신은주
편집부 오정민 · 김정연
프리뷰 심성보 · 김영철

펴낸곳 도서출판 갈무리   등록일 1994. 3. 3.   등록번호 제17-0161호
초판인쇄 2013년 6월 22일   초판발행 2013년 6월 30일
종이 화인페이퍼   인쇄 중앙피앤엘   제본 은정제책

주소 서울 마포구 서교동 375-13호 성지빌딩 101호
전화 02-325-1485   팩스 02-325-1407
website http://galmuri.co.kr   e-mail galmuri@galmuri.co.kr

ISBN 978-89-6195-070-1 94300 / 978-89-6195-003-9 (세트)
도서분류   1. 사회과학 2. 경제학 3. 정치학 4. 사회학 5. 철학

값 17,000원

이 책은 실로 꿰매는 사철 방식으로 제책되어 오랫동안 견고하게 보관할 수 있습니다.

이 도서의 국립중앙도서관 출판시도서목록(CIP)은 서지정보유통지원시스템 홈페이지(http://seoji.nl.go.kr)와 국가자료공동목록시스템(http://www.nl.go.kr/kolisnet)에서 이용하실 수 있습니다. (CIP제어번호 : CIP2013008918)

자본과 언어
Capital and Language

신경제에서 전쟁경제로

크리스티안 마라찌 지음
Christian Marazzi

서창현 옮김

차례

자본과 언어

일러두기

1. 이 책은 Christian Marazzi, *Capital and Language*, Semiotext(e), 2008을 완역한 것이다.
2. 지은이 주석과 옮긴이 주석은 같은 일련번호를 가지며, 옮긴이 주석에는 [옮긴이]라고 표시하였다.
3. 단행본, 전집, 정기간행물에는 겹낫표(『』)를, 논문, 논설, 기고문 등에는 홑낫표(「」)를, 단체 명, 행사명, 영상, 전시, 공연물, 법률, 조약 및 협약에는 가랑이표(〈〉)를 사용하였다.

서문

노동하는 언어

마이클 하트[1]

『자본과 언어』는 크리스티안 마라찌의 책들 중에 영어로 선보이는 첫 책이지만, 좀 더 일찍 출간되었어야 할 책이다. 스위스의 이탈리아 주州인 티치노 출신인 마라찌는 아주 일찍 이탈리아의 노동자주의에 관심을 가졌으며, 1970년대 이탈리아 아우또노미아Autonomia 운동에 적극적으로 참여했다. 런던 시티 대학교에서 박사과정을 마친 그는 빠도바 대학에 합류하여 그곳에서 페루찌오 감비노Ferrucio Gambino, 루찌아노 페라리 브라보Luciano Ferrari Bravo, 세르지오 볼로냐Sergio Bologna, 또니 네그리Tony Negri[2]의 절

---

1. [옮긴이] Michael Hardt (1960~) : 미국 듀크 대학의 교수.『들뢰즈 사상의 진화』와 『네그리 사상의 진화』의 저자이며 안또니오 네그리와 함께『제국』,『다중』,『공통체』,『선언』등을 공동집필했다.

친한 친구가 되었다. 1977년 이탈리아를 떠날 수밖에 없게 될 때까지 빠도바 대학에서 네그리의 학생들을 가르쳤다. 마라찌는 몇 년 간 뉴욕, 런던, 몬트리올에서 지냈으며, 이탈리아 노동자주의의 문제틀에 다국적 측면을 부여하는 데 기여했다. 금융시장의 복잡성과 경제 정책에 관해 일반 대중과 소통할 수 있는 경제학자들은 드물다. 크리스티안 마라찌는 현재의 정치 이론과 사회 이론의 가장 흥미로운 특질들을 끌어내 제시할 수 있는, 그리고 이러한 이론적 렌즈들을 사용하여 경제적 발전들을 읽어낼 수 있는, 경제적 지형에 굳건하게 뿌리박고서 정치 이론과 사회 이론을 다시 성찰할 수 있는 참으로 드문 유형의 경제학자이다.

그가 수행한 작업이 특별한 것은, 그의 작업이 아우또노미아와 "포스트노동자주의적" 시각에 의해 발전된 가설과 창조적으로 결합되었다는 것이다. 노동자 투쟁은 자본의 연속적인 재구조화보다 앞서고 그것을 예시하며, 그러한 재구조화가 노동자 권력을 위한 새로운 가능성들을 제공한다. 마라찌는 1990년대 초반에 (그 기원이 1970년대까지 거슬러 올라가는) 포스트포드주의 경제를 분석하는 책들을 출간했다. 즉 지배적인 국가들에서의 경제생산이

---

2. [옮긴이] '또니'(Tony)는 안또니오의 애칭이다.

더 이상 공장을 중심으로 이루어지지 않고, 노동과정이 더 이상 테일러주의적 합리성과 조립라인의 특징인 규율에 의해 운영되지 않으며, 포드주의적 임금관계들이 더 이상 사회적 재생산의 보증으로 작용하지 않는 경제적 조건을 분석하는 일련의 책들을 출간했다. 특히 마라찌는 소위 '신경제'의 결정적인 두 영역들에 초점을 맞추었다. 하나는 경제에서 점점 더 중심적이고 선도적인 역할을 하게 된 금융 부문이고, 다른 하나는 지배적인 새로운 사회적 노동 형태들이다. 이 책들은 1995년에『양말들Socks을 위한 장소 : 경제의 언어적 전환과 그 정치적 효과』로 시작되어, 1998년『그리하여 화폐가 사라진다 : 엑소더스와 금융시장의 혁명』으로 이어졌다. 2002년에 출간된『자본과 언어』는 그의 세 번째 책으로, 앞의 두 책을 종합하고 있다.

　『자본과 언어』의 핵심적인 테제는 언어가 오늘날 자본주의 경제의 작동과 위기들을 이해하기 위한 모델을 제공해준다는 것이다. 이것은 사실 다음 두 가지를 주장하는 것이다. 1)금융의 세계는 언어적 관습들을 특징으로 하며 그것들을 통해 작용한다는 것, 2)지배적인 새로운 노동 형태들은 언어를 통해, 그리고 언어적 수행performance과 유사한 수단들을 통해 생산된다는 것. 이 주장들 하나하나는 도발적이고 의미심장하다. 사실 내가 가장 매력적이라고 생각하는 것은 이 둘 사이의 연결이다.

금융에 관한 그의 논의를 이해하기 위해 우리는 먼저 마라찌가 거부하는 두 개의 대립되는 표준적인 시각들을 확인해 보아야 한다. 금융은 일부 신고전학파적이고 통화주의적인 경제학자들이 주장하는 것처럼 인간노동과 생산과정들로부터 상대적으로 자율적인, 자기생성적self-generating 가치의 영역이 아니다. 또한 일부 맑스주의적이고 비판적인 사유 경향들이 주장하듯이, 금융은 그저 허구적인 가치들과 순수한 투기로 이루어진 것이 아니다. 다시 말해 금융은 '실물 경제'로부터 상대적으로 분리되어 있지 않다. 그 대신에 마라찌는 현재의 금융시장들의 작동방식들을 이해하려면 언어 이론이 필요하다고 주장한다. 가장 평범한 첫 번째 수준에서 우리는 금융이 자료와 정보의 부단한 소통을 요구한다는 점을 알 수 있다. 하지만 마라찌는 금융이 언어적 관습들을 통해 작동하는 두 번째 수준에 집중한다. 미국 연방 준비제도이사회 의장의 발표 같은 발화 행위는 실제로 금융시장에 엄청난 영향을 미칠 수 있지만, 그러한 영향은 일단의 신념들과 언어적 관습들을 공유하는 발화 공동체에 의존한다. 나에게 가장 흥미로워 보이는, 세 번째 수준은 금융의 언어가 어떻게 노동과 생산에 연결되는가 하는 것이다. 이 수준이 미래의 정치를 위한 길을 열 수 있을 것 같기 때문이다.

금융은 화폐 일반과 마찬가지로 노동의 가치와 노동에 의해 생산된(그러나 고도로 추상적인 수단을 통해 생산된) 가치를 표현한다. 어떤 측면에서 금융의 특이성은, 금융이 노동의 미래적 가치와 그 미래적 생산성을 나타내려 한다는 점에 있다. 어쨌든 금융이 어떻게 언어 관계들과 유사한 노동의 표현으로 이해될 수 있는지 분석하는 것은, 그리하여 금융이 어떤 종류의 기호[재현]representation로 작동하는지 파악하는 것은 나에게는 고무적이고 흥미로운 생각인 것처럼 보인다.

지배적인 새로운 노동 및 생산 형태들에서 언어가 하는 역할은 훨씬 더 직접적이다. 빠올로 비르노가 말하는 바와 같이, 공장 노동이 여러 면에서 침묵의 노동이라면, 포스트포드주의에 전형적인 공장 바깥의 사회적 노동은 수다스럽다. 서비스 업종, 미디어, 건강, 교육, 그리고 점차 다른 모든 경제 부문들에서 노동은 언어 및 언어적 역량들의 중심성에 의해 특징지어진다. 언어와 소통은 아이디어, 정보, 이미지, 정동, 사회적 관계 등의 생산에 결정적이다. 마라찌는 노동이 점차 언어적 수행에 의해 정의됨에 따라 노동시간이 전반적으로 어떻게 확대되는지, 사실상 노동시간과 비노동시간을 분할하는, 노동과 삶을 분할하는 전통적 경계들이 어떻게 점점 무너지고 있는지 분석한다. 이러한 사실은 다음과 같은 일련의 중요한 결과들을 수반한다. 노동은 사회적 삶을 생산하고, 이어서 모든 사회적 삶은 노동하도록 강제된다.

내가 가장 시사적이라고 생각하는 그의 분석 구절들 중의 어떤 곳에서 마라찌는 현재의 자본주의적 생산의 맥락에서 맑스의 '일반지성' 개념에 변형을 가한다. 맑스는 지식, 특히 기술적이고 과학적인 지식이 어떻게 제1의 생산력이 되었는지, 그리고 그러한 지식이 고정자본인 기계들 속에 어떻게 통합되었는지 가리키기 위해 이 용어를 사용한다. 컴퓨터와 휴대폰처럼, 역직기와 증기 엔진은 일반지성인, 사회적으로 산출되어 축적된 풍부한 과학적·문화적 지식들을 구체적으로 그리고 생산적으로 만든다. 마라찌에 따르면, 맑스의 시각은 옳지만 제한적이다. 일반지성과 지식의 생산력이 단지 기계들뿐만 아니라, 오늘날에는 더욱더, 언어적 소통과 협력에도 역시 존재하기 때문이다. 맑스의 범주들로 말하자면, 우리의 두뇌들, 언어적 재능들, 그리고 상호작용적인 기술들이 고정자본을 대체했다고 말할 수 있을 것이다. 아니면, 조금 다른 시각에서, 이것이 자본주의적 통제로부터의 산 노동의 점증하는 자율을 가리킨다고 말할 수도 있다. 왜냐하면 자율은 일반지성을 구체화하면서 지식과 언어의 생산적 힘들을 훨씬 더 독립적으로 배치하고 관리할 수 있기 때문이다.

이 지점에서 우리는 한 발 물러서서, 마라찌가 금융과

포스트포드주의적 노동 사이에 설정하고 있는 대비對比의 의미를 포착할 수 있다. 금융과 포스트포드주의적 노동 모두 주로 언어적 수단을 통해 작용한다. 이러한 인식을 통해 우리는 다음과 같은 탐구를 위한 토대를 마련할 수 있다. 금융화와 금융 메커니즘들이 오늘날, 산업 자본가가 이용할 수 있는 훈육 도구들이 아니라 어떻게 점점 더 노동과 사회적 생산 일반을 통제하기 위한 주요한 수단이 되어가고 있는지 탐구하는 것. 이 책에서 마라찌는 이러한 상황의 또 다른 측면을 고찰한다. 금융시장의 유동성, 소통, 미래 지향성 등을 다중 해방의 예시像示(비록 전도되고, 왜곡되고, 훼손된 예시일지라도)로 읽는 것이 가능할까? 이러한 질문을 제기함으로써 우리는 다중 안에 있는 사회적 협력의 잠재적 자유를, 언어적 수행, 지식 생산의 자본주의적 통제로부터 벗어나는 잠재적 자율을, 그리고 오늘날의 산 노동의 소통과 협력 역량들을 조명할 수 있다. 여기에서 마라찌가 제시하는 것은 다음과 같다. 즉 금융 통제와 싸우면서 우리는 금융 통제가 언어와 언어적 관습을 통해 작동하는 방식 역시 연구할 수 있다. 그렇게 함으로써 다중의 생산적 역량들과 자본으로부터의 우리는 다중의 잠재적 자율에 대한 이해를 증진시킬 수 있다.

1장

포스트포드주의에서 신경제로

서론

우선, 포스트포드주의에서 신경제로 이행이 진행되었던 역사적 기반에 대한 대략적인 윤곽을 그려 보자. 포스트포드주의와 신경제를 구분하는 것은 어떤 면에서 부적절할 수 있다. 그렇지만 실제로 소위 포스트포드주의 패러다임의 모든 구성 요소들이 신경제에서도 나타난다는 점을 고려할 때, 그럼에도 불구하고 이 구분은 우리에게 유용하다. 왜냐하면 이러한 구분을 통해 우리는 지난 20여 년 전반에 걸쳐 일어났던 자본주의적 축적 체계의 거대한 변형을 해석하는 다양한 분석적 접근법들을 조명할 수 있기 때문이다. 사실 1980년대 후반부터, 포드주의의 위기와 포스트포드주의로의 이행에 대한 주요한 분석들은 사회경제학에 기초하고 있었다. 특히 노동의 본성과 재화의 생산에서 일어난 변화들에 주목했다. 그렇지만 1990년대 후반부터는 전 지구적 규모에서 일어난 증권 시장의 폭발이 거의 모든 사람들로 하여금 패러다임 변동의 금융적 차원에 더 많이 주목하게 함으로써 그들의 분석들을 '새롭게 수정하도록' 강제했다. 심지어 오늘날에서조차, 포스트포드주의의 최초 연구 국면에서 나타났던 요소들과 신경제에 대한 두 번째 국면의 연구에서 나타났던 자본주의 경제의 금융화에 특징적인 요소들을, 하나의 상호적이고 변증법적인 상관관계 속에서 '일관되게 설명하는 것'이 무척 어려운 것은 결코 우연이 아니다. 논의 과정에서 보게 되겠지만, 증권 시장들의 성과, 그리고 지난 수년간 증시를 특징지었던 극단적인 주가변동성volatility을, 19세기 및 20세기의 산업적 경기변동의 말기적 국면을 대표하는, 실물 경제 과정들과 금융자본의 분리의 표현으로 기술하려는 강렬한 유혹이 종종 있다. 내 생각으로는, 물질적 재화 및 비물질적 재화가 생산되고 판매되는 실물 경제와, 투기적인 차원이 투자가의 결정들을 좌우하는 화폐금융 경제 사이의 구분은 완전히 다시 고찰되어야 한다. 여기에서 제시하고 싶은 테제는 다음과 같다. 신경제에서는 언어와 소통이 재화와 용역의 생산 및 분배 영역과 금융 영역 두 영역 전반에 걸쳐 구조적으로 그리고 동시대적으로 현현한다는 것, 그리고 바로 이런 이유로 노동 세계에서의 변화들과 금융시장에서의 변동들이 동전의 양면으로 이해되어야 한다는 것이다.

역사적 뿌리들

로마의 일간지 『라 리퍼블리카』La Repubblica의 미국 태평양 연안 통신원 자격으로 제일선에서 신경제의 위기를 관찰할 수 있는 기회를 가졌던 페데리코 람피니는 다음과 같은 구절로 자신의 회고록을 시작한다.

> 실물 경제와 금융 사이의 특이한 단절로 인해, 2000년은 위대한 마술적 주문의 마지막 해임과 동시에 잔인한 환멸의 첫 해였다. 지난 16년 간 가장 큰 성장률인 5% 성장을 보인 세계 경제는 완전한 건강 상태의 미국 경제에 의해 여전히 추동되었다. 실업률은 4%로서 베트남 전쟁 이래 가장 낮은 수치를 보였다. 그러나 그러는 와중에도 월가는 이미 붕괴를 향해 나아가고 있었다. 주식시장의 불경기는 그해 3월에 시작되었다. 주식가격의 붕괴는 너무 급작스럽고 폭력적이어서 2000년 말 미국의 투자가들은, 말하자면 우리가 가계 재산에 대한 믿을 만한 통계를 가졌던 때부터 지금까지 55년 만에 처음으로, 자신들이 사실은 이전보다 더 가난해졌다는 사실을 알게 되었다.(Rampini, 2001)

이 위기의 순간이 역사적 기억, 과거의 거대한 위기들에 대한 회상이 표면화되는 순간이라고 람피니는 올바르게 강조한다. 예컨대 다음과 같은 깨달음이 갑자기 나타나기 시작한다.

1920년대 또한 거대한 혁신들을 낳고 근대 산업의 면모를 바꾸어 버린 신경제를 목격했다. 자동차의 출현, 전기 에너지의 광범한 이용가능성, 극장의 발명. 그러나 1929년과 1932년 사이에 붕괴가 일어났을 때, 월가는 자기 자본금 capitalization의 90%를 잃었다.

사실, 역사적 위기들과 그 전에 일어났던 [금융 시장의] 확장 국면들을 비교할 때에는 유사성들보다 차이들이 더 중요하다. 그리고 한 가지 결정적으로 중요한 차이는 오늘날 미국 가정의 60%가 연금기금과 상호기금[1]을 통해 직접적으로건 간접적으로건 주식시장에 투자를 한다는 것이다(1989년에 그 수치는 30%가 안 되었다). 신경제의 또 다른 특색은 금융시장의 확장 국면을 붕괴의 지점까지 몰아갔던 것이 기술주株들, 즉 노동시장을 혼란에 빠뜨리고 포드주의적인 생산 모델의 모든 기본적인 교의들을 뒤집어엎었던 정보 과학기술들과 관련된 주식들이었다는 점이다. 다시 말해, 엄청난 사회적 규모로 이루어진 새로운 과학기술들과 금융화가, 우리가 신경제의 주기, 그리고

---

1. [옮긴이] 상호기금(mutual fund)은 일반적으로 미국의 개방형 투자신탁을 말한다. 주식회사 방식으로 운영되는 상호기금은 미국에서 투자신탁의 주류를 이루고 있다. 증권투자를 목적으로 하는 회사의 주식을 투자가들이 소유하며, 투자가는 수익자가 됨과 동시에 주주가 된다. 미국의 투자신탁은 폐쇄형으로 시작되었으나 1929년의 대공황으로 대부분 도산하고 1940년 이후 개방형인 상호기금을 중심으로 발전하였다.

위기가 만들어져 온 역사적 궤적들을 확인하기 위해 시작해야 하는 두 개의 외향극단들이다.

마르고 마그리니는 『디지털 부』*La richezza digitale*에서 다음과 같이 쓰고 있다.

> 이제 금융시장들은 전자적이 되었다. 그렇지만 바로 몇 년 전만 해도 오직 전문가들만이 전자증권 상거래와 연관된 값비싼 장비를 이용할 수 있었다. 그러나 인터넷이 출현하고 **어음 할인 중개인들**discount brokers(이들 중 대다수는 중개 수수료에 대한 규제 철폐 법률과 함께 1970년대에 등장했다)이 온라인에 등장하면서 모든 사람이 디지털 투자를 이용할 수 있게 되었다.(Magrini, 1999, 18쪽)

1975년 미국은 저축을 고갈시키기 위한 책략을 늘리는 과정을 도입했다. 그 목적은 경제의 주식시장 금융화를 강화하기 위한 것이었다. 그때까지 할인이 불가능한 채로 고정되어 있던 수수료 규제의 철폐 덕분에, 새로운 중개 회사들(어음 할인 중개인들)은 투자가들을 유인하기 위해 수수료를 두고 경쟁할 수 있게 되었다. 규제 철폐는 (〈골드만삭스〉, 〈솔로몬 브라더즈〉, 〈모건 스탠리〉 같은) '시장을 만드는' 거대 기관들에 의해, 그리고 증권시장들 (〈메릴 린치〉, 〈스미스 바니〉, 〈프루덴셜〉 같은 와이어하

우스들[2])에 대한 전자적 접근을 통제했던 기관들에 의해 이전에 유지되던 주식 가격의 조작과 관련한 독점을 깨뜨렸으며, 이것은 소규모 지역 은행들이 유지하던 지역 저축의 독점을 깨뜨리는 데까지 계속 이어졌다.

그 뒤, 우리가 '금융의 사회화'라고 부르게 될 주식시장 투자의 대량화가 모양을 갖추기 시작하는 것은 1970년대 후반이며, 향후 1990년대 내내 인터넷과 온라인 상거래의 폭발과 함께 그것은 극적으로 증대될 것이었다.

기금 조성이 전산화되고 그리하여 증권시장들에 전산화가 배치되면서 다음과 같은 구조적 변화가 뒤따르는 것이다. 따라서 기금을 조성하고 기금을 증권시장에 배치하는 일의 전산화는 최초로 일어난 구조적 변화에 뒤이은 것이다. 이 [변화] 과정은 1974~75년 뉴욕에서 일어났던 복지 국가의 재정 위기에서 비롯되었다. 이것은 미국 남부의 가난한 인종들이 모여 사는 주들에서 부유한 도시 중심부들로 흘러들어온 육체노동자들이 임금을 받는 노동인구로 변형하면서 발생한 위기였다. 매우 의미심장한 제목을 달고 있는 피터 드러커의 유명한 책 『보이지 않는 혁명 : 연금기금 사회주의는 어떻게 미국에 도래했나』는 1976년

---

2. [옮긴이] 고객의 주문을 전달하기 위해 본점과 각 지점 사이에서 사설 전화, 전신, 텔레타이프 등의 통신 설비를 활용하는 비교적 규모가 큰 증권회사를 말한다.

에 발간되었다! 드러커가 이야기하고 있는 조용한 연금기금 혁명은 뉴욕 시의 적자를 메우는 자금을 만들기 위해 공무원의 연금기금을 전용한 것에서 비롯되었다. 이것은 부유층에 대한 세금 인상을 피하기 위한 것이었다. 부자들은 언제든 사업을 다른 곳으로 옮기겠다고 지역 당국을 위협할 준비가 되어 있었다. 공무원들은 도시의 재정 규율financial discipline 강화에 연루되었다. 그들은 **도시 채권**(뉴욕의 사회적·금융적 위기로 인해 쫓겨난 투자가들을 대체하려고 개입한 조합들에 의해 가능하게 된 조치)에 투자된 연금기금의 수익률을 떨어뜨리겠다고 위협했다. 이러한 연루로 인해 새로운 도시 빈민과 사회 복지 프로그램의 관리 책임을 맡고 있던 공무원들 사이에 정치적 동맹이 형성될 가능성은 수포로 돌아갔다. 공무원들은 행정의 재구조화와 합리화에 사로잡혀 있었다.

어음 할인 중개인들, 그리고 이후의 온라인 상인들, 그리고 이들의 뒤를 이을 오늘날의 **마이크로트레이더들**[3]과 함께, 대규모로 기금을 증권으로 모금하고 유용했던 1975년

---

3. [옮긴이] 트레이더는 단기간의 주가 변동으로부터 이익을 볼 목적으로 주식이나 채권 매매 시 자신의 포지션을 가지고 거래하거나 시세를 예측하면서 고객 간의 거래를 중개하는 사람을 말한다. 그 중에서 2일이나 5일 정도의 초단기간 동안 주식을 보유하는 온라인 트레이더를 '마이크로트렌드트레이더'라고 하는데, '마이크로트레이더'는 이를 가리키는 것으로 보인다.

의 중개 수수료 규제 철폐는 그래서 공적 적자를 충당하기 위해 연금기금을 사용한 것과 동일한 것이었다. 이때에 도시 프롤레타리아트의 벌거벗은 삶들에 대한 국가와 기업 권력의 재분절화가 시작되었다. 이 새로운 권력은 프롤레타리아트의 특수한 사정에 반하는 **공적 영역 법안**을 만들면서 시작되었다. 그것은 임금노동 시장의 직업 위기 occupational crisis가 구체화되고 있던 시기에 실업자들의 **삶을 위한 요구**에 대립하는 것이었다. 저축을 국채의 미래 이율에 묶어둠으로써 공적 부문에 대해 명령을 내리는 권력은 '여기 그리고 지금의' 풍족한 삶을 살아갈 권리를 강제적으로 연기하는 것을 통해 행사된다.

신경제의 두 번째의 구성적인 계기4는 1979년 10월에 당시 연방 준비 제도이사회의 의장이었던 폴 볼커가 미국 국내의 인플레이션('임금 및 급여의 폭발'과 1974년의 석유 위기 효과들의 화폐적인 표현)과 달러의 국제적인 평가 절하(이는 전 지구적인 화폐 공급과 국제적인 신용 거래 흐름에 대한 미국 통제가 패배했음을 반영하는 것이다) 양자를 공격하기 위해 프리드만 식의 조치를 사용하기로 결정하면서 시작되었다.

---

4. [옮긴이] 신경제의 첫 번째 계기는 새로운 과학기술(전산화)과 금융화의 결합으로 인한 '금융의 사회화'인 것으로 보인다.

조반니 아리기는 『장기 20세기』의 4장에서 1979년의 통화주의적 선회로 귀결된 동역학을 정밀하게 재구성하면서 다음과 같이 쓰고 있다.

1970년대 미국 화폐 정책은 자본을 끌어들여 미국 중심의 자본주의 세계경제의 실물적 팽창을 지속시키려고 시도했다. 비록 그런 팽창이 일반적으로 법인자본에게, 그리고 특히 미국 법인자본에게 비용, 리스크[5], 불확실성 증가의 주된 요인이 되었음에도 말이다. 놀라운 일이 아닌 것이, 미국 화폐 당국이 만들어 낸 유동성의 일부만이 새로운 교역과 생산 설비에서 출로를 찾아냈다. 대부분은 석유달러와 유로달러로 전환되었고, 이는 은행 간 사적 화폐 창출 메커니즘을 통해서 여러 배로 재생산되어, 미국 정부가 발행한 달러의 경쟁자로 세계경제에 즉각 재등장했다.(Arrighi, 1994, 314쪽)[6]

뒤이은 일련의 시장 자유화 조치, 공적 자원들의 사유화, 전 지구적 규모에서의 금융화로 이어질 이러한 통화

---

5. [옮긴이] 'danger'와의 의미 구분을 위해 영어 관용어가 아닌 이상 '리스크' 또는 '위험요인'으로 옮겼다. 리스크는 예측하지 못한 어떤 사실이 금융기관의 자본이나 수익에 부정적인 영향을 끼칠 수 있는 잠재기능성을 의미한다.

6. [한국어판] 조반니 아리기, 『장기 20세기 — 화폐, 권력, 그리고 우리 시대의 기원』, 백승욱 옮김, 그린비, 2008, 524~525쪽.

주의적 선회는 레이건이나 대처 식의 신자유주의적 이데올로기로 직접 연결되어 있는 것이 아니라, 세계적인 포드주의 모델의 정치경제적 위기와 연결되어 있다.

> 1978년이 되면, 미국 정부는 느슨한 화폐정책을 지속하여 유로통화 시장을 통제하는 세계시민주의적 금융 공동체와의 대립을 파국으로 몰아갈지, 아니면 그 대신 건전화폐의 원리 및 실천을 더 엄격히 고수함으로써 그 공동체와 화해를 추구할지 선택의 기로에 직면했다. 결국, 자본주의적 합리성이 우위를 차지했다. 카터 대통령 재임기의 마지막 해에 시작하여 레이건 재임기에 더욱 단호하게, 미국 정부는 두 번째 행동 노선을 선택했다. 그리고 국가권력과 자본권력 사이의 새로운 "기억할 만한 동맹"이 형성되어, 전체 냉전 시기의 특징이던 미국의 느슨한 화폐 정책이 전례 없는 긴축적인 화폐 정책에 길을 내주었다.[7]

금리의 극적인 상승은 공적·사적 부문의 채무에 즉각적이고도 장기적인 영향을 미쳤으며, 이는 자본으로 하여금 그 자신의 금융화를 위해 주식시장에 더욱더 의존하게 만들었다. 그리하여 그와 같은 시장들 속으로 저축이 흘

---

7. [옮긴이] 같은 책, 525~526쪽.

러드는 것에 의존하게 만들었다.

초기의 확정급여형 연금 제도[8]와는 달리 연금기금을 기금들이 투자되는 증권들로부터의 수익률 returns에 의존하도록 만드는 최초의 확정기여형 연금 제도[9], 즉 401(K) 프로그램[10]이 1981년에 나타난 것은 우연이 아니다. 로버트 쉴러는 『이상과열』에서 다음과 같이 쓰고 있다.

노동조합은 전통적으로 퇴직 이후 조합원들의 복지를 보장하는 수단으로 확정급여형 제도들을 선호했는데, 노조의 쇠퇴는 이 제도들을 위한 원조가 줄어든다는 것을 의미했다. 노조와 확정급여형 연금의 오랜 근거지였던 제조업 부문의 중요성도 감소하였다.(Shiller, 2000, 32쪽)[11]

1950년대 이래, 월가는 별다른 소득 없이 증권시장들

---

8. [옮긴이] '확정급여형 연금'은 근로자가 지급받을 급여의 수준이 사전에 결정되어 있는 연금 제도를 말한다.
9. [옮긴이] '확정기여형 연금'은 사용자(회사)의 기여금 수준이 사전에 결정되고, 근로자가 받을 연금 급여액은 적립금 운용 실적에 따라 변동되는 연금 제도를 말한다.
10. [옮긴이] 미국의 확정기여형 기업연금제도. 401K란 명칭은 미국의 근로자 퇴직소득보장법의 401조 K항에 규정돼 있기 때문에 붙여진 이름이다. 지난 1974년 레이건 대통령 당시 정부 주도하의 개인연금제도가 지급불능 위기에 빠지자 이에 대한 타개책으로 만든 상품이다.
11. [한국어판] 로버트 J. 쉴러, 『이상과열 : 거품증시의 탄생과 몰락』, 이강국 옮김, 매일경제신문사, 2003, 56쪽.

에서의 이해관계를 증진시키려 노력했지만, 쉴러가 말하는 바와 같이, "증권거래소가 시도한 어떠한 세미나들도 확정기여형 연금 제도를, 실천을 통해 학습하는 효과만큼 주식에 대한 대중의 지식과 흥미를 증진시키지는 못했을 것이다."(Shiller, 2000, 33쪽)[12] 이러한 기금들의 목적이 투자가들의 퇴직을 대비하여 장기적인 시각을 갖도록 장려하는 것이라 할지라도, 확정기여형 제도들은 채권과 부동산에 대해 주식의 우위를 유지하기 위한 이러한 방식으로 구조화된다. 이것이 가능해지는 것은 다음과 같은 사실 때문이다. 사람들은 다양한 옵션들을 가로지르는 불안정한 방식으로 자신들의 기금들, 즉 자신들의 저축을 분배하는 경향이 있다. 그들은 미리 선택된 옵션들의 내용을 고려하지 않고 그렇게 한다. 이런 점에서 보면, 주식에 대한 흥미나 호기심의 가치는 어떠한 개인적 의사결정의 합리성보다도, 증권거래소에 올라 있는 증권들을 구체적이고 특수하게 후원하는 것에 대한 어떠한 관심보다도, 어떠한 개인적 신념보다도 더 낫다[가치 있다].

상호기금들이 성공할 수 있었던 이유 중 하나는 그것들이 401(K) 연금 제도들의 일부로 이용되는 것에 기인하는 것임에 틀림없다. 상호기금들은, 나중에 신경제의 개시에

---

12. [한국어판] 같은 책, 56~57쪽.

연계될 활황 장세의 첫 해인 1982년과 1990년대 후반 사이에 상호기금 투자 단위의 미국 보유자 수가 620만 명에서 1억 2천만 명으로 늘어나는, 또는 가족당 약 2단위[13]가 늘어나는 또 다른 집단적인 기금 조달 수단이었다. 처음으로 연금 목적의 증권에 투자하는 데 익숙해지면서 사람들은 결국 자신들의 비非퇴직 저축조차 상호기금에 투자하게 되었다. 또 상호기금의 성장에 중요했던 것은, 그러한 기금을 TV 쇼, 잡지, 신문에 노출시키는 광고였다. 1980년대 초반에서 1990년대 후반까지 개방형 기금[14]들은 인플레이션 비율의 감소와 짝을 이뤄 증가했으며, 대중매체 광고의 공세는 전문성이 가장 떨어지는 부주의한 투자가들을 겨냥했다.

연금기금과 상호기금의 개시는, 제일 먼저 미국에서 그 다음에는 전 세계에서 집단적 저축의 고갈을 가져왔으며, 증권 투자를 증대시켰다. 우리가 **금융화**라고 부르는 것은 가계의 저축이 주식 및 증권으로 전환되는 것을 말한

---

13. [옮긴이] 불특정다수의 저축자(투자가)로부터 자금을 흡수, 이를 단일 자금화하여 전문적인 투자 관리 회사에 위임하는 제도를 '단위 신탁'이라고 하고 신탁회사는 신탁재산을 단위별로 관리하는데, 여기에서 '단위'는 그런 개념으로 쓰인 것으로 보인다.
14. [옮긴이] 대출금액의 총액을 정하지 않고 제공하는 기금으로, 일반투자가의 수요에 따라 새로이 지분을 발행할 수 있으며 투자가는 지분을 순자산 가치로 매각할 수 있다.

다. 이러한 전환은 은행 부문에서 증권 부문으로 경제의 금융화를 변동시키는 경향으로서 세기말의 신경제 형성에 결정적으로 기여했다.

여론의 주권

신경제의 역사적 발전은 주식시장에 우호적인 환경을 창출하는 데 매스컴이라는 수단이 중요한 역할을 한다는 것을 보여준다. 실제로 신경제가 작동하려면, 금융화는 **모방적 이성[합리성]**, 즉 개별 투자가들의 정보 부족으로 인한 일종의 쏠림 현상에 의존해야 한다.

우리는 충분한 시간을 바쳐 이 문제를 논의해야 할 것이다. 이 문제가 신경제의 역사적 재구축에 결정적이기 때문이다. 뉴욕의 재정위기 시기 연금기금의 '조용한 혁명'과 관련하여, 우리는 이미 집단 저축collective savings을 증권시장에 투자하게 되면 여론의 힘이 개인의 운명을 결정하는 것으로 귀결된다고 이야기했었다. 주주라는 이해관계의 미명 아래 (공공 또는 민간 부문에서 일하는) **정액급 종업원[봉급생활재]**는 만약 월가가 요구한다면 스스로를 해고할 준비가 되었다.

(거의 집단적인 자기고통의 수준에 이른) 포스트모던

시민의 이러한 역설적인 인류학적 변신을 설명하기 위해, 그리고 금융 흐름의 엄청난 증대를 설명하기 위해(오늘날에는 재화의 매 달러당 55 달러에 해당하는 금융자산이 유통되어 교환되고 있다), 우리는 시대에 걸맞은 **재무 이론**을 살펴보아야 한다. 로버트 쉴러나 허쉬 세프린 같은 **행동재무**behavioral finance 15 학문의 전문가들 덕분에(Robert Shiller, 2000; Hersh Shefrin, 2000), 지난 15년간 우리는 기막힐 정도로 보수적인 신고전학파적 전제로부터의 점진적인 후퇴를 목격해 왔다. 이러한 전제에 따르면 모든 사람은 완전하게 합리적이며 극대화를 지향한다는 것이다. 그리하여 증권거래소에 상장된 증권의 실적은 모든 금융 정보의 '완전한 종합'이라는 것이다. 반면에 행동재무 이론가들은 **심리학적** 관점에서 인간의 행위를 특징지을 수 있는 몇몇 요소들을 포함하려고 한다.

쉴러는 다음과 같이 쓰고 있다.

대부분의 투자가들 역시 주식시장을 자연 현상 같은 것으로 생각하는 듯 보인다. 그들은 그들 자신이 하나의 집단으로서 시장의 수준을 결정한다는 걸 완전히 이해하지 못하고 있다.

---

15. [옮긴이] 제한된 합리성 내지는 사회인지론적 전제 하에 행동과학적인 연구방법론을 이용하여 재무현상들을 연구하는 재무이론의 한 분야.

또한 그들은 그들 스스로의 생각이 다른 사람의 생각과 얼마나 비슷한지 과소평가한다. 많은 개인투자가들은 기관투자가[16]들이 시장을 지배하고, 이 '스마트머니'[17] 투자가들은 가격을 평가하는 더욱 세련된 모델들, 즉 더 나은 지식을 지니고 있다고 생각한다. 그들은 대부분의 기관투자가들도 대체적으로 시장의 수준에 관해서 정확히 알고 있지 못하다는 것을 모른다. 요컨대, 가격 수준은 어느 정도는 자기완결적 예언에 의해 결정되는 것이다. 이러한 예상은 많은 대규모 그리고 소규모 투자가들이 공통적으로 지닌 비슷한 직감 같은 것에 기초하고 있으며, 투자가들에 의해 만들어진 전통적 견해를 정당화하는 뉴스 미디어가 이러한 예상을 더욱 지지한다.(Shiller, 2000, xv쪽)[18]

행동재무 이론가들의 경험적 연구의 한 가지 중요한

---

16. [옮긴이] 투자가란 증권발행시장에서 최종적으로 증권을 취득하고, 이것을 다시 증권유통시장에서 매각하고자 하는 자를 말한다. 투자가를 형태상으로 분류할 경우에는 개인투자가와 기관투자가로 대별된다. 개인투자가가 개인의 자격으로 증권투자를 하는 투자가인 데 반하여, 기관투자가란 법인 형태를 취하고 있는 기관으로서의 투자가를 말한다. 기관투자가에는 은행, 보험회사, 증권회사, 투자신탁회사, 기금을 관리·운용하는 법인, 공제사업을 영위하는 법인 등이 포함된다.
17. [옮긴이] 고수익의 단기차익을 노리는 기관이나 개인투자가들이 장세 변화를 신속하게 파악하여 투자하는 자금을 뜻한다.
18. [한국어판] 로버트 J. 쉴러, 『이상과열』, 13쪽.

결과는 크건 작건 모든 투자가들의 구조적인 **정보 부족**에 기초한 **모방적 행위**라는 바로 이 관념이다. 최종적인 주가는 '자기완결적 예언'[19]의 산물이며, 따라서 유가증권이 나타내는 자산의 실제 경제적 가치와는 관계가 거의 없거나 아예 없다. '다른 사람들'이 투자하기에 좋은 주식이라고 생각하는 것이 무엇인지에 대한 소통 양태들이 소통 내용 자체보다 더 가치가 있다.

미디어는 신경제의 금융-버블[20]에서 근본적인 메커니즘이었다. 미디어는, 복잡한 금융 기술 ― **모멘텀 금융화**momentum financing ― 로 이론화되기에 이른 쏠림 현상을 (어떤 면에서는) 조장하면서 시장의 '이상 과열'[21]을 부채질했다. 이것이 의미하는 바는 무엇인가? 그것은 주식시장에서 돈을 벌기 위해서는 상장된 회사들을 분석하는 데 시간을 낭비할 필요가 없다는 것을 의미했다. 떼로 몰려드는 주식이 어떤 것인지 시의 적절하게 추측해서 그 파도에 올라타고, 상승

---

19. [옮긴이] 어떤 예측을 했는데 그 결과가 예측대로 되었을 때에 처음의 생각과 믿음을 말한다.
20. [옮긴이] 금융자산의 시장 가치가 그 자산으로부터 합리적으로 기대할 수 있는 예상소득의 현재가치를 넘어서 팽창하는 현상을 말한다. 버블은 투자가들이 금융자산의 미래 예상소득에 내해 지나치게 낙관적인 기대를 가지게 되면서 형성된다.
21. [옮긴이] 미국 주식시장의 거품을 우려하며 앨런 그린스펀 연방 준비 제도이사회의 의장이 한 말.

이 예상될 때 현금으로 바꿔야 했다. **모멘텀 투자**momentum investing 22에서는 정보의 역할이 근본적이었다. 그리고 이것은 당연히, 투명한 시장이라는 이미지, 견문이 넓고 독립적인 투자가들이라는 이미지를 손상시켰다. 이 이미지는 신고전학파적 경제학자들에게 중요한 것이었다.(Rampini, 2001, 14쪽)

프랑스의 경제학자 앙드레 오를레앙은 신고전학파적 금융에 대한 비판을 행동[재무] 이론가들보다 훨씬 더 밀어붙였다.(André Orléan, 1999) 케인스의 가르침에 따라(특히 『일반이론』의 12장을 참고하여), 그리고 조지 소로스와 피에르 발리 같은 사실상의 시장운영자들의 경험에 기초하여, 오를레앙은 투자가 집단의 쏠림 현상에 의거해 작동하는 것이 금융시장의 **본성 자체**이며, 그것이 바로 소**통**이 시장들의 근본적 요소인 이유라는 견해를 제출한다.

"월가에 대한 시시각각의 TV 보도가 시장의 작용을 왜곡하고, 투자자들 집단을 한 마리의 동물처럼 사고하는 — 동시에 팔거나 사는 — 집단으로 변형시킨다"(Surowiecki)고 생각하는 사람들에 맞서, 오를레앙은 투자가들의 모방 행

---

22. [옮긴이] 증시 투자방식의 하나. 모멘텀 투자란 장세가 상승세냐 하락세냐 하는 기술적 분석과 시장 심리 및 분위기 변화에 따라 추격 매매하는 투자방식을 말한다.

위가 어찌하여 가치 왜곡적인 요인이 아닌지 밝힌다. 개별투자가들이 부의 합법적 표현이라고 인정하는 상징들과 기호들을 수백만 명의 투자가들이 받아들임으로써 나타나는 쏠림 현상herd behavior은 오히려 금융시장에서 매우 중심적인 **유동성** 개념에 **내재적이다.**

유동성은 어떤 구체적인 화폐 기능이기 이전에 하나의 개념이다. 유동성은 증권에 대한 필요에서 발생한다. 사람들이 그러한 증권에 저축을 투자했던 것은 증권이 신속하게 교환될 수 있었기 때문이다. 증권이 유동적이지 않다면, 다시 말해 **양도할 수 없다면,** 투자 성향은 강력히 억제될 것이다(유동성이 다급하게 필요한 경우, 증권거래소에 자신의 저축을 투자하고 그 저축을 투자했던 증권을 [되]팔 수 없는 사람들은 파산할 것임이 분명하다). 오를레앙은 다음과 같이 쓰고 있다.

미래의 배당금에 대한 개인적인 도박에 해당하는 것을 지금 여기에서의 즉각적인[직접적인] 부로 변형하는 것이 목표이다. 이로 인해, 개별적이고 주관적인 평가들을 모두가 받아들일 수 있는 가격으로 바꾸는 것이 필요하다. 다르게 말하자면, 유동성은 모든 금융업자들에게 증권이 교환될 수 있는 가격을 알려주는 참조 가치reference value의 생산을 필요로 한다. 이러한 결과의 성취를 허용하는 사회구조가 시장이다.

금융시장은, 참조 가치의 지위를 갖는 집단적 판단을 생산하는 것과 같은 방식으로 투자가들의 개별 견해들 사이의 대립을 조직한다. 이런 식으로 나타나는 수치는 금융계의 동의를 결정하는 합의라는 본성을 갖는다. 이 수치는 공개적으로 발표되면서 하나의 규범으로서의 가치를 갖는다. 그것은 어떤 시점에, 문제되고 있는 증권을 사고파는 것을 시장이 동의하는 가격이다. 그렇게 해서 증권은 유동적으로 된다. 금융시장은 집단적인 견해를 참조 규범으로 제기하기 때문에 금융계가 만장일치로 인정하는 증권 평가를 생산한다.(Orléan, 1999, 31~32쪽)

우리는 신경제의 위기를 분석할 때 금융시장의 유동성 속의 모순들('유동성의 역설')을 살펴볼 것이다. 잠시 유동성이 제도적 고안의 산물임을, 자본 유치자로서의 자신의 역능 속에서 시장이 기능할 수 있도록 해주는 불가결한 산물임을 주목해야만 한다. 더욱이 금융시장들의 (다소 복잡한) 구조의 결과로 이해되는 유동성은 투기를 시장조작의 결과로 고찰하는 데에까지 나아간다. 즉 개인적인 견해들과 신념들보다 (집단적인 견해의) '시장 심리학'이 우월하다는 사실은 모든 투자가들을 압박한다. 인플레이션의 위험이 없을 것이라고 믿지만, 만약 예를 들어 연방 준비 제도이사회 의장이 노동시장이 활기가 없어진다고 이야기한다면 나는 분명 그의 '예언'('임금이 오르면 가격 역시 오를 것이다. ······ ')에 익숙해질 것이다. 주식의 가치가 하락하는 걸 원치 않는다면, 나는 가능한 한 빨리 주식을 팔아버림으로써 그린스펀의 선언에 반응한다. 왜냐하면 분명 그린스펀이 금리를 올릴 것이라 확신하면서 모든 사람(관습적으로 예측할 수 있는 동향들을 둘러싼 주변적인 변동을 예상하고 투기를 하는 회의론자들을 제외한, 그리고 시장에 맞서, 관습적인 지혜에 맞서 투기하는, 그리하여 결과적으로 가장 위험한 사람들인 역투자가들을 제외한 '모든 사람')이 똑같이 행동할 것이기 때문이다. 수익을 얻기 위해서는, 또는 돈을 잃지 않기 위해서는, 올바른 견해를 갖는 것이 필요한 게 아니라 시장이 어떻게 움직일지 예견하는 데 성공하는 것이 필요하다. 떼[군중]를 이길 가능성, 설령 일부 그런 경우가 있다 하더라도, 그런 일은 거의 일어나지 않는다.

금융시장에서 투기적 행동이 이성적[합리적]인 것은, 시장이 자기지시적self-referential이기 때문이다. 가격은 집단적 견해가 행위로 드러나는 표현이며, 개인 투자가는 정보에 반응하는 것이 아니라 그러한 정보 앞에서 다른 투자가들이 보이는 반응이라고 생각되는 것에 반응한다. 당연히 증권거래소에 상장된 증권의 가치들은 스스로를 참조하지 자신들의 기저에 깔려 있는 경제적 가치를 참조하지 않는다. 이것이 시장의 자기지시적 본성이며, 여기에서 경제적 가치와 교환가치 사이의 **분열**은 개인적 신념과 집단적 신념 사이의 분열과 대칭을 이룬다.

조지 소로스는 시장의 재귀성^{reflexivity}에 대해 다음과 같이 쓰고 있다.

주관적인 선입관과 별개의 실재가 존재하는 것이 아니라, 그것에 영향을 받는 실재가 존재한다. 달리 말해, 사건들의 연쇄가 존재하며, 이 연쇄는 실제로 일어난다. 또한 이 연쇄에는 참가자들의 선입관이 낳는 효과가 포함된다. 즉 사건들의 실제 진행은 참가자들의 기대와 다를 수 있으며, 그 일탈은 일어나기 시작하는 왜곡의 징후로 추정될 수 있다. 불행히도 그것은 — 완전한 선입관의 척도로서가 아니라 — 하나의 징후로서만 쓸모 있을 뿐인데, 그 이유는 사건들의 실제 진행이 이미 참가자들의 선입관의 효과들을 포함하기 때문이다. 부분적으로 관찰 가능하고 또 부분적으로 사건들의 진행 속에 깊이 감추어진 현상은, 과학적 고찰의 수단으로서는 제한된 가치를 갖는다. 우리는 이제 경제학자들이 왜 그렇게 간절하게 그러한 현상을 자신들의 학문 세계에서 제거하려고 했는지 이해할 수 있다. 오히려 나는 그것이 금융시장을 이해하는 열쇠라고 생각한다. 금융시장의 참가자들이 예측하고자 하는 사건들의 진행은 시장가격으로 이루어진다. 시장

가격은 쉽사리 관찰 가능하지만, 그것들 자체로는 참가자들의 선입관에 대해 아무것도 밝히지 못한다. 선입관을 확인하기 위해서 우리는 그 선입관에 물들지 않은 조금 다른 변수가 필요하다. 금융시장의 관습적인 해석은 이러한 변수를 정립한다. 이 변수는 시장가격이 반영해야만 하는 원리들로 이루어져 있다.(Soros, 1998, 48쪽)

중요한 것은 소로스가 언급하는 이 '다른 변수'가 어떻게 지배적인 해석 모델(그린스펀이 금리를 올릴 것이라는 나의/우리의 확신)이 되기에 이르렀는지 이해하는 것이다. 케인스는 이렇게 특정 시기 다수의 견해들보다 우세한, 그리하여 공동체의 '선택지'로서 **여론**이 되는 견해를 **관습**이라고 부른다. '사실들'의 해석적 모델은 무엇이며 그것은 어떻게 지배적이 되는가? 그것은 어떻게 경제적이고 금융적인 게임에 참여하는 다수의 참가자들의 행위들을 결정하도록 해주는 정당성을 획득하는가? 거의 자연적 사실로서 안정적이라고 생각되는 관습은 언제 그리고 어떻게 붕괴되기 시작하는가? 이것이 신경제 연구를 통해 우리가 이해하고자 하는 바이다.

언어 분석의 통로

금융시장 조작에 관한 이론적 분석은, 자료와 정보의 전송 수단으로서뿐만 아니라 하나의 창조적 힘으로서의 소통의 중심성, 언어의 중심성을 밝혀준다. 소통 행위는 관습의 근원에 존재한다. 관습은 시장을 조작하는 수많은 참가자들의 선택과 결정에 영향을 미치는 '해석 모델'이다. 증권거래소에 상장된 회사들에게, 소통의 중심성은 경제적 왜곡으로 이어지는데, 그것은 시장의 자기지시성이 생산적 합리성과 거의 또는 전혀 관계없는 요인들(주주들이 회사 경영에 행사하는 압력을 상기하는 것만으로도 충분할 것이다)에 기인하는 시장의 변동성 위험volatility risks 23에 자신들을 노출시킨다는 점에서 그렇다.

하지만 관습(예컨대 1990년대에는, 증권에 투자된 자본에 대한 15%의 평균 수익률이 완전한outright 관습이 되었다)이 객관적 실재의 좋거나 나쁜 표현이어서 옳거나 그른 것이 아니라 그것의 공적인 힘의 덕택으로 그렇게

---

23. [옮긴이] 변동성 위험은 위험 요인의 변동성에 일어난 변화들의 결과로 포트폴리오(주식투자에서 위험을 줄이고 투자수익을 극대화하기 위한 일환으로 여러 종목에 분산 투자하는 방법) 가격 변화의 위험이다. 이것은 보통 파생상품 수단의 포트폴리오들에 적용되는데, 여기에서는 그것의 기저에 있는 변동성이 가격에 영향을 미치는 주요 요인이다.

된다는 점을 이해해야 한다. 설명되어야 하는 것은 관습의 이러한 공적 본성이다. 그 이유는 금융시장은 바로 이러한 토대 위에서 작동하기 때문이다.

케인스의 용법에 의하면 다음과 같다.

자기완결적 예언이라는 개념은 이러한[재화의 희소성에 의거하는 신고전학파적 가격 이론] 자연주의적 인식론과 절연한다. 그것은 근본적으로 새로운 생각, 즉 신념이 창조적인 역할을 한다는 생각을 제시한다. 참가자들actors이 생각하는 것, 그들이 세계를 표현하는represent 방식은 가격에 영향을 미치고, 그리하여 경제 행위자들이 서로 얽혀드는 관계들에 영향을 미친다. 이러한 개념화는 위기와 위기 극복 방식에 대한 우리의 분석에 큰 변화를 일으킨다. 케인스가 보기에 완전 고용의 장애물은 자본의 객관적 부족이 아니라 개인들이 금리의 정상 가치를 받아들이는 방식이다. 그들은 가치가 너무 높으면 완전 고용이 불가능하다고 믿는다. 사람들과 그들의 행복 사이에 놓인 장애물들은 더 이상 외인外因적인 자연적 구조물들이 아니라 그들 자신의 신념이다.(Oreléan, 1999, 85쪽)

그것은 관습이 시장에 영향을 미치는 다수의 참가자들에게 인지적인 압박으로 작용하기 때문이다. 특정한 역사적 시기 동안 일어나는 관습의 반복이란 다른 게 아니라, 거의 항상 다음과 같은 일이 일어난다는 것을 의미한다. 즉 관습의 **관례적인**conventional 본성은 망각되며, 그래서 대부분의 사람들은 결국 관습이 사물의 **본성**에서 비롯하는 것이라고 믿는다.

이러한 관습의 기능은 대단히 **언어적이다.** 그리고 그것은 **심지어 심리[학]적이기 이전에 이미 언어적이다.** 그런데 여기에 행동재무 이론의 한계가 있다. 포스트포드주의 시기의 금융시장의 작동 방식들을 설명하기 위해 우리에게 필요한 것은 그들이 행하는 조작들에 대한 **언어 이론**이다.

나는 금융시장의 작동방식들이 지닌 몇몇 근본적인 측면들을 파악할 수 있도록 해 줄 세 가지 언어분석 수준들이나 경로들을 부득이 매우 도식적이고 개인적인 방식으로 제시해 보고자 한다.

언어와 신체

첫 번째 수준은 언어의 **생물학적 토대**의 시각에서 이루어진 언어 분석과 관계가 있다. 나는 펠리체 치아마티Felice Ciamatti의 언어철학에서 이루어진 작업과 — 치아마티 덕분에 관심을 갖게 된 — 종양학자 조르조 프로디의 이론을 언급하고자 한다.(Ciamatti, 2000b)

생물학 이론에 따르면 "언어는 역사적이지도 않으며

(왜냐하면 인간은 분명 언어를 발명하지 않았기 때문이다), 단순히 자연적인 것도 아니다(왜냐하면 인간 동물의 참여 없이는 우리의 언어가 존재하지 않았을 것이라는 점도 마찬가지로 참이기 때문이다)."(같은 책, 80쪽) 우리의 과거에 "언어 없이 언어를 발명하기로 결심한 사람이 존재했던 적은 한 순간도 없다. 언어를 갖지 않은, 그러나 모든 면에서 우리와 유사한, 그런 가설적 인간은 결코 존재한 적이 없다. 인간 동물이 인간인 까닭은 그가 문자 그대로 언어를 둘러싸고 자신을 구축했기 때문이다."

그렇지만 언어의 관계적 본성, 즉 사람들이 언어를 사용하는 방법을 배우고, 또 사람들이 다른 사람으로부터/다른 사람과 함께 [언어를] 배운다고 하는 언어의 관계적 본성이 언어가 유일하게 자의적인 사회 제도라는 것을 의미하지는 않는다. 그리고 그것은 언어가 매우 강력한 **발생적 억제[유전적 제한]**genetic restraints에 종속되기 때문이다. 언어적 매개가 작동하는 이유는 인간의 두뇌가 적절한 방식으로 만들어져 있기 때문이다. 프로디는 다음과 같이 말한다. "사실상 우리의 언어는 인간이 아닌 동물들에게, 심지어는 어떤 점에서 매우 지적인 동물들에게조차 (가장 작고 하찮은 단편 이상의 것을) 가르쳐줄 수 없다. 마찬가지로 인간 동물도 일단 일정한 연령을 넘으면 말하기를 배울 수 없다."

언어적 동물이기 때문에 우리가 인간 동물인 것만은 아니다. 다시 말해 우리 존재의 언어성(인간의 특수성은 말을 하는 것이라는 사실)이 우리를 비인간 동물과 구별해주는 것은 아니다.(Ciamatti, 2000a 참조) "인간 동물의 환경은 언어 자체이다. 인간 동물은 언어에 적응하며, 언어를 위해 그리고 언어에 의해 만들어진다."

그러므로 언어와 신체, 언어 능력과 뉴런 재료[는 구별되지 않는다.] 이러한 언어 이론에서는 의도와 도구 사이에 어떠한 구별도 존재하지 않는다. "이것은 유지될 수 없는 구별이다. 그 이유는 언어 진화의 역사에서 도구에 선행하는 의도란 존재하지 않기 때문이다." 우선 언어를 향한 '욕망'이 존재했기 때문에 언어가 나타났다는 점에서, 의도와 언어의 이원성은 전혀 존재하지 않는다. 반면에 의도와 언어 사이에는 순환성이 존재한다.("이 경우 오히려 그 사용자를 주조해 온 것은 도구, 즉 언어이다.")

생물학적 언어 이론은 이렇게 특별한 혁신적 특징을 갖는다. 이 이론은 언어 능력(말한다는 사실)이 어떻게 우리 신체들과 동일한 것인지 설명한다. 우리의 언어 능력은 삶의 현상 내부로부터, 최초의 원시기호적proto-semiotic 상호작용으로부터 곧바로 (본성 속에서) 물리적[신체적]으로/생리적으로 발달했다.

언어와 차이

언어의 생물학적(말하자면 자연적) 차원, 즉 말할 수 있는 우리의 능력을 규정하면서 한편으로 인간들의 종차[종적 특이성](인간 종의 모든 구성원이 이러한 언어 능력을 갖는다는 사실)을 특징짓는 차원은 따라서 언어적 차이의 시각에서, 그리고 우선 성차gender difference의 시각에서 분석되어야 한다. 언어 분석에 차이를 삽입하는 것은 사회의 상징적 조직(화)과 관련하여 여성에 대해 정치적으로 성찰하는 것에서부터 시작된다. 사회의 언어적 조직화가 가부장적일 때, 그리고 그것의 효과가 가부장적일 때, 어떻게 언어 '내부에서 그리고 언어에 저항하며' 존재할 것인가를 성찰하는 것.

이 두 번째 수준에서, 차이는 자궁 내의 기호적 영역에서 사회의 상징적 영역으로의 이행, 즉 어머니의 자궁 내부에서 이루어진 소통으로부터 역사적으로 결정된 세계의 완전히 상징적인 언어로의 이행(소위 '명령적 절단'thetic cut) 속에서 발생한다. "말하는 방법을 알기 전에 살아가는 삶은, 말하는 방법을 익히면서 살았던 삶으로 간주되어야 한다." 우리는 어머니로부터 말하는 방법을 배우고, 이러한 언어로의 입문이 우리를 관계-내-존재, 즉 존재론적으로 언어적인 존재로 규정한다. 그러나 그와 동시에 우리를 "누가 어머니이고/무엇이 언어인지를" 구별할 수 있는

존재로 규정한다.(Muraro, 1991을 보라)

알프레드 토마티스Alfred Tommatis의 작업 덕택에 우리
는, 언어가 생겨날 때부터 바로 그 **소통의 필요**가 존재한다
는 것을, 그리고 우리 인간 동물을 언어적 존재로 만들 뿐
만 아니라 또한 상이한 상징적 수준들을 구별할 수 있는
동물로도 만들어 준 것이 바로 이 필요라는 점을 이해할
수 있다. 소통을 해야 할 필요는 "무엇보다도 태내에 있을
때 어머니와의 소리 관계를 깨뜨리지 않으려는 (또는 결
국에는 갱신하려는) 욕망으로부터 발생한다. 인간은 그가
아직 태아 단계에 있을 때 최상의 만족을 누렸던 바깥 세
계 및 다른 세계와의 유대를 보호하거나 회복하고 싶어
한다."(Tommatis, 1977, 248쪽)

태아 때 최초의 타자인 어머니와 더불어 시작된 **살적
존재들 사이의 대화**인 **구두**口頭 대화는 추상적/상징적 언어
의 세계로 진입할 때 사라지지 않고, 차이의 **역능**faculty으
로서 유지(되고 내재화)된다. 그것은 언어가 '소리의 활
동'play of sounds이라고 물리적으로 지각하는 것이다.24 한
편으로는 그것이 아버지의 언어 속에서 최초의 장애물(사

---

24. 토마티스는 "언어 역시 물리적 차원을 갖는다. 언어는 주변 공기 속에 진
　동 같은 것을 일으키면서 일종의 불가시적인 구성체가 되는데, 이것으로
　인해 우리는 그 단어의 가장 풍부한 의미 속에서, 우리가 하는 말을 듣고
　있는 그를 **접촉할** 수 있다."라고 말한다.

회의 언어를 말하는 최초의 낯선 사람으로서의 타자)을 발견한다면, 그리고 다른 한편으로 언어 자체의 내부에, 자궁 외부의 언어가 할 수 있는 것과 같은 상징적(은유적) 침투성 안에, 차이의 역능을 명확하게 (존재론적으로) 고정시킨다면 말이다.

말하자면 그 육욕적carnal 차원에서 언어는 야콥슨이 언어의 환유적 극metonymic pole이라고 부른 것, 즉 우리를 다시 사물에 데려다주는 중심을 규정한다. 반면 은유적 극 metaphorical pole 25은 단어의 의미를 확장함으로써 언제나 언어의 물질성과 맥락성(말하자면 국부적인 '자궁의' 영역으로부터 우리를 멀어지게 하거나 결국엔 그것으로부터 분리시키려고 애쓰는 것)을 과감히 초월하는 차원이다. (Muraro, 1998을 보라)

이것이 매우 중요한 요점이다. 우리가 상이한 상징적 수준들을 구별할 수 있는 신체를 가지고 역사적으로 결정된 언어 속으로 들어가는 한, 자궁 내적인 언어는 우리를 차이-의-존재로 규정한다. 우리의 신체는 언어 '속에서', 관계 '속에서', 최초의 상징적 수준이 삶과 언어의 연합으로서 주어지는 그런 언어적 관계 속에서 태어난다.

---

25. [옮긴이] 야콥슨은 '말을 한다'는 것의 본질을 '결합'에 의한 구성과 '선택'에 의한 구성의 상호 작용으로 본다. 그는 유사성에 근거한 결합을 '은유적 극', 인접성에 근거한 선택을 '환유적 극'이라고 명명한다.

언어와 다중

언어 분석의 세 번째 수준은 상징적 언어 '내부의' 차이 능력의 행위가 상징적 언어가 감싸고 있는 것을 (이를테면 어머니의 자궁으로부터 바깥 세계로의 이행이 태반을 '파열'하도록 할 때처럼) 파열하도록 할 때 무슨 일이 일어나는가와 관련된다.

언어철학 분야에서 존 오스틴[26]이 정교화한 범주를 참고해 보자. 어떤 관습, 즉 우리가 금융시장에서 작동하는 것을 목격하는 관습이 일련의 수행적 발화들, 즉 사물의 상태를 서술하는 것이 아니라 즉각적으로 실재 사실들을 **생산하는** 발화들의 산물이라는 의견이 진술될 수 있다. 언어가 사실들을 **서술하기** 위해 제도적 실재 속에서 사용되는 수단이라고 간주할 뿐만 아니라, **사실들을 창조하는** 것이라고 간주한다면, 이 세상에서 우리의 의식, 언어를 주조하는 것은 동시에 그와 동일한 실재 사실들을 생산하는 수단이 된다. 이 세상에서 화폐, 재산, 결혼, 기술들, 노동 자체 같은 제도들은 모두 언어적 제도들이다. **사실들은 사실들을 말함으로써 창조된다.**

---

26. 매우 의미 있는 제목을 달고 있는 그의 다음 저작을 참고하라. John L. Austin, *How To Do Things With Words*, 1975.

존 오스틴이 다음과 같은 발화를 수행적이라고 규정한다는 것은 잘 알려져 있다. 즉, '나는 이 여성을 나의 합법적인 배우자로 받아들인다.', '나는 이 아이에게 루가라는 세례명을 붙인다.', '나는 로마에 갈 것을 다짐한다.', '나는 인터가 챔피언이 된다는 것에 1천 리라를 건다.' 등등. 화자는 행위(결혼, 세례, 맹세, 내기)를 서술하는 것이 아니라 그 행위를 한다. 그는 그가 하고 있는 것에 대해 말하는 것이 아니라 말함으로써 무언가를 한다.(Virno, 2001)

존 설John Searle은 오늘날의 화폐에서 오스틴의 수행적 발화 이론의 증거를 발견한다.(Searle, 1985, 126~28쪽) 미국 재무부가 20달러 지폐를 찍으면, "이 지폐는 모든 공적 및 사적 부채를 위한 법화法貨 27이다." 단순히 하나의 사실을 기술하는 것이 아니라, 실제로 그러한 사실을 창조하고 있는 것이다. 수행적 발화는 무언가를 말함으로써 그 무언가를 진실로 만드는 발화이다.

우리가 Y라는 상태/함수를 나타내기 위해 X라는 용어를 사용한다면, 우리는 X를 상징적으로 사용하는 것이며,

---

27. [옮긴이] 국가가 주조 · 발행하는 주화, 지폐 및 국가에 의해 독점권을 부여 받은 중앙은행의 은행권 등으로 매매지불수단으로서의 배타적 통용성을 인정하고 다른 종류의 유통수단을 배제한다고 하는 국가적 강제를 내용으로 하는 화폐를 말한다.

그것을 언어적 장치로 사용하는 것이다. 하지만 X라는 용어가 자신이 언어적으로 참조하는 물질적 매체가 **전혀 없**을 때, 언어적 행위(X를 말하는 것)는 '그 자체로' 함수 Y를 **구성하는 창조적 행위**가 된다. '의자' 및 '칼'과 관련하여 볼 때, 이것들을 사용하는 함수는 의자와 칼의 물질성 속에 기입된다. 그러나 '화폐', '나는 이 여성을 나의 합법적인 배우자로 받아들인다.', 또는 나스닥에서의 증권들과 관련하여 볼 때, 이러한 상태/함수가 구체화되는 물질적 매체는 존재하지 않는다. 언어적·소통적 행위는 화폐, 결혼 심지어는 닷컴 기업조차 구성한다. 내가 구입한 이 기업의 주식들은 이 회사가 경제적으로 기능하도록 해 주는 일정 몫의 주식 자본을 의미한다.

개인이 결국 그것의 적절성을 근본적으로 문제시하지 않고 해석의 관습적 모델을 실재의 '참된' 모델로 받아들이기 위해서는, 관습의 수행성이 개인적 신념의 다양성에 대해 상대적으로 외부적/자율적이 되는 것으로부터 자신의 적법성을 이끌어내는 것이 필요하다. 에밀 방브니스트[28]가 말한 바와 같이, 수행적 언어의 효력은 발화를 하

---

28. [옮긴이] Emile Benveniste (1902~1976) : 프랑스 유대계 구조주의 언어학자, 기호학자이다. 그는 인도유럽어족에 대한 연구로 유명하며, 소쉬르가 확립한 언어 패러다임을 확장한 것으로도 유명하다. 초기에는 소르본에서 소쉬르의 학생이었던 앙투안 메이예 아래에서 연구를 하였고, 프랑

는 사람의 적법성에 의존한다. 즉 화자의 **권력**과 **법적** 지위에 의존한다. 시장이 어떤 이상 과열 형태에 의해 희생된다고 말하는 사람이 앨런 그린스펀인지 아니면 필자the present writer인지에 따라 큰 차이가 있다.

심지어 높은 권위를 가지고 말할 수 있는 앨런 그린스펀조차 현재의 상황을 더 이상 좌지우지 못할 때, 예컨대 금리 인하를 발표하더라도 경제회복의 실재적 가능성을 전체 투자가들에게 확신시키지 못할 때 이야기는 복잡해진다. 이 경우 우리는 위기 상황, 즉 비르노가 **절대적 수행성**absolute performative이라고 정의했던 것 같은 수행성을 두드러지게 하는 위기 상황에 처해 있는 것이다. " '나는 너를 용서한다', '나는 너에게 가라고 명령한다'가 언어에 의해 생산된 사건들이라면 '나는 말한다'는 전적으로 하나의 **언어 사건**language event을 산출한다."

우리 분석의 목적에서 보자면, 절대적 수행성[이라는 개념]은 특별히 유용한 언어이론 범주이다. 왜냐하면 **자기지시성의 과잉생산** 위기인 금융시장의 위기에 즉각적으로

스코틀랜드연구원에서 가르쳤으며, 1937년 후반 콜레주드프랑스에서 언어학 교수로 선출되었다. 이 무렵 그는 이미 인도유럽 어족 형태들의 역사 내부에서 씨족(names)들의 지위에 대해 연구를 하기 시작했다. 건강 문제로 퇴임하게 되는 1969년까지 콜레주드프랑스에서 근무했다. 1969년에서 1972년까지 국제기호학회의 의장으로 활동했다.

적용할 수 있기 때문이다.

보통의 수행성('나는 로마에 갈 것을 다짐한다.', '나는 이 아이에게 누가라는 세례명을 붙인다.' 등등)과 관련히여 볼 때, '나는 말한다'는 완전히 자기지시적이다. 보통의 수행성은 바로 그 발화에 의해 수행되는 행위를 언급하지만, 그 발화에 대해서는 한 마디도 언급하지 않는다. 이 경우, 자기지시적 운동의 어두운 구석은 누군가 말한다는 사실the fact-that-one-speaks이다. '나는 이 여성을 나의 합법적인 배우자로 받아들인다.'는 말하는 내용이나 말하지 않는 내용에 의해 생산된 실재를 나타내지, 말하는 내용의 실재를 나타내는 것이 아니다. 반면, '나는 말한다'는 그 대신, 발화되고 있다는 단순한 사실에 의해 이 말이 생산하는 두드러진 사건으로서의 그 자신의 발화를 나타낸다.

금융시장의 위기는 금융시장의 무형無形의[신체 없는] 자기지시성을 드러내 보여준다. 반면 보통의 수행성의 위기는 '누군가 말한다는 사실'이 결코 살아 있는 신체와 분리될 수 없음을 나타낸다. 달리 말해, 언어의 순수 능력(절대적 수행성)은 금융이라는 랑그langue financiere보다 더 보편적이고, 더 강력하다. 시장의 자기지시성은 말할 것도 없이 그 수행성의 효력을 나타내주지만, 그 효력이란 화자의

(예컨대 지배적인 금융 관습을 내면화한 투자가들의) 신체에 대한 **부정**을 전제하는 효력이다. 반면에 절대적 수행성의 자기지시성은 화자의 신체를 **전제한다**.

우리는 앞에서 다음과 같이 말했다. 역사적으로 볼 때 보편적으로 받아들여진 관습의 고정화로 이어지는 과정이 다수의 경제적 행위자들이 초개인적 관습을 시장의 게임에 참여한 모든 선수들에게 유효한 해석 모델로 바꾸기 위해 그것[초개인적 관습]을 선별/선택함으로써 공동체가 되는 과정이라고 말이다. '그' 관습을 선택함으로써 다중은 **스스로 공동체**community가 **된다**. 이것은 주권의 선거가 다중을 민중으로 변형시키는 것과 거의 같다.[29]

그러므로 견고한 언어적 경제 시스템에서, 관습의 위기는 다중 신체의 폭발을 의미한다. 복수적인 개별적 차이들인 다중은 새로운 관습을 생산/선택하는 소위 역사적 과제를 다시 한 번 수행해야 한다. 전 지구적 금융 위기가 또한 '본래적인 선행조건'natural antecedent인 다중의 위기임을 고려한다면 이건 쉬운 과제가 아니다. 다중은 이제 하나의 **역사적 결과**이다. 더 정확히 말하자면 다중은 전 지구적인 결과로서, 더 이상 소수자minority나 '단순한' 적으로

---

29. 우리가 여기에서 이러한 추상화 과정이 또한 그리고 언제나 구체적으로 폭력적이라는 것을 상기할 필요는 없을 것이다. 포스트포드주의에서 다루어지는 다중 개념에 대해서는 Zanini and Fadini, 2001을 보라.

환원될 수 없다.

포스트포드주의의 두드러진 특징들

지금까지 우리가 이야기해 온 것으로 다시 돌아가 보자. 신경제의 작동방식들과 그 내적 모순들을 이해하기 위해서는 신경제가 포드주의 패러다임의 화폐적 효과들(전 세계적 규모에서의 인플레이션과 달러의 평가 절하)에 맞서 미국의 금융 당국이 개시한 정면공격에서부터 시작되었다는 것을 기억하는 것이 중요하다. 연방 준비 제도이사회의 통화주의적 발의發意는 자본의 '적들', 즉 내적인 적들(포드주의적인 노동계급, 임금 경직성30과 복지 프로그램들)과 외적인 적들(연방 준비 제도이사회의 통제를 벗어나 오일달러와 유로달러를 창출하는 '장소'들에서 연원하는 미국의 전 지구적 확장을 방해하는 것들)에 맞서 자본을 완전히 자유롭게 풀어 주기 위해 국가 권력을 재설정하는 것을 목표로 했다. 그러한 아이디어는 미국 노동자들의 운명을 미국 자본의 위험요인risks에 속박시키는

---

30. [옮긴이] 노동에 대한 임금 또는 재화의 가격이 자유롭게 조정될 수 있는 것이 아니라 경직적이라는 이론.

것이었다. 그것은 세계경제에 **미국** 자본의 **물질적 확장을** 다시 개시하고, 연방 준비 제도이사회가 만든 화폐가 더 **이상** 자본으로 변형되지 **못하고** 있는 모든 공간들을 제거하며, 그리하여 인플레이션을 낳는 것이었다(나는 레이건의 신자유주의가, 아직도 제국주의적 노선들을 따라 구축된 세계경제 내부의 **민족주의적 이데올로기로** 해석되어야 한다고 생각한다). 연금기금에서의 '조용한 혁명'에 의해 개시된, 저축을 증권 시장으로 전환하는 것의 목적은 다음과 같다. 노동자의 저축을 자본주의적 변형/재구조화의 과정들에 탄탄히 묶어둠으로써 포드주의 급여 관계에 내재하는 자본과 노동의 분리를 제거하는 것이다.

증권거래소는 엄밀히 말해, 은행융자와 달리 저축과 투자 사이에 놓여 있는 넓은 그물망wide-mesh 공간들을 제거하는 경제 금융화 양식이다. 노동자들은 자신들의 저축을 주식에 투자함으로써 더 이상 자본과 분리되지 않는다. 왜냐하면 노동자들은 법적 규정에 의해 급여 관계에 놓여 있기 때문이다. 주주로서 그들은 시장의 부침浮沈에 묶여 있으며, 그래서 그들은 자본 일반의 '선한 작전'good operation 에 **공통의 관심사를 갖는다.**

이러한 역사석 조건에서 출현한 금융화는 미국 자본주의의 바로 그 구체적인 정치적 주도권[발의]의 결실이다. 미국 자본주의 국가는 자본과 노동 사이의, 그리고 국민

국가와 세계경제 사이의 권력 관계의 위기-변형의 논리에 대응했다. 이러한 역사적 선례들을 고려하지 않은 채 신경제의 위기를 설명하려는 모든 시도는 반드시 실패할 것이다.

앞에서 보았듯이 연금기금에서 일어난 조용한 혁명은, 제조업부문과 노동조합 중재의 중심성에 집중할 뿐만 아니라 무엇보다도 **임금 관계**에 집중하는 포드주의 모델의 위기와 보조를 맞추었다. 연방 준비 제도이사회의 1979년 통화주의적 전환은 급여를 금융시장의 **조정 변수**adjustment variable로 변형시켰다. 노동자들의 전반적인 소득, 그리고 **스톡옵션**[31]을 통한 경영의 전반적인 소득은 이제 급여의 탈표준화와 계약관계의 개별화를 통해 자본주의적 위험요인과 연동되었다.

1983년 연방 준비 제도이사회의 통화주의적 전환의 결과, **경쟁적 디스인플레이션**[32]이 유럽 전역에 확산되기 시작되어 1986~7년 **금융 규제완화**[33]에서 정점에 달했다. 소

---

31. [옮긴이] 회사가 임직원에게 일정 기간이 지나면 일정 수량의 자사 주식을 매입할 수 있도록 부여한 권한을 말한다. 따라서 스톡옵션을 받은 임직원은 자사 주식을 사전에 정한 행사가격으로 구입해 주가변동에 따른 차익을 얻을 수 있다.

32. [옮긴이] 디스인플레이션은 인플레이션에 의하여 통화가 팽창하여 물가가 상승할 때, 그 시점에서의 통화량·물가수준을 유지한 채 안정을 도모하여 서서히 인플레이션을 수습하려는 경제정책을 말한다.

득을 사회생산의 의무로부터 떼어놓으려는 투쟁의 압력을 받으며 1970년대 미국에서 시작된 세계화는 국제적인 수준으로 확대되었으며, 중앙은행들로 하여금 유럽 정부들의 케인스주의적 정책들로부터 자신들을 해방시켜야 하는 과제를 떠맡게 하였다. 경쟁적 디스인플레이션은 [국가]재정[34]의 불균형을 공격하는 특수한 방법으로서, 이 방법으로 인해 정부들은 그들 자신의 적자에 대한 자금 조달을 단념하고 결국 금융시장에 눈을 돌리게 되었다.

적자를 메울 자금 조달을 위한 비통화적 옵션만이 남아 있다면, 실재적인 금융시장의 구조들을 창조하는 것이 필요하다. 이 구조들은 국공채에 투자하도록 권유받는 저축가들에게 그들[저축가들]이 가장 원하는 보증 ― 가역성 ― 을 제공해 줄 수 있다. 방대한 거래에 의해 영구적으로 활성화되는 거대하고 깊은 시장만이 참가자들에게, 어떤 순간에도, 상대자를 발견하는 확실성 ― 다시 말해 자본을 잃지 않고 벗어날 수 있는 가능성 ― 을 제공해준다. 이러한 특성에 부여되는

---

33. [옮긴이] 정부의 간섭과 통제 하에 놓여 있던 영역을 민간부문, 즉 시장경제에 맡기는 것을 의미한다.

34. [옮긴이] [국가] 재정(public finances)은 국가 및 기타 공공단체가 공공 욕구를 충족하기 위해 필요한 수단을 조달하고 관리·사용하는 경제활동을 의미하며, 정부의 경제라고도 정의된다.

이름이 바로 유동성이다.(Lordon, 2000, 23쪽)

이 모든 것에서 따라 나오는 것이 내적 갈등들의 조절
자인 복지국가 역할의 강등이었다. 세계화하는 금융시장
들은 우리가 **국민국가의 선택성**the whicheverness of nation-states
이라고 부르는 것, 즉 공공 지출의 조달이 전 지구적인 금
융시장의 동역학과 증권 수익에 의존한다는 것을 낳았을
것이다. 다시 말해, (전 지구적인) 여론public opinion은 국민
국가들의 구체적이고 지역적인 개별성에 대립하여 작동
되었다. 1970년대까지 국제적인 거래에 사용된 일국적 통
화인 달러를 둘러싸고 순환되었던 국제적인 화폐는 이제
유동성, 즉 공적인 투자 요구에 응하여 신용-부채를 창조
할 수 있는 역량을 둘러싸고 순환하는 국제적인 **금융** 순환
에 의해 대체되었다.

금융화를 위한 공적 요구는 문자 그대로 받아들여져
야 한다. 이러한 요구는 더 이상 단순히 투자 은행들, 또는
거대 기업, 또는 국민국가만이 한 것이 아니었다. 증권시
장에 의해 조직된 대규모 파티에 소규모 투자가들로 참석
하기를 원했던 임금노동자와 급여 생활자 역시 이러한 요
구를 했다. 금융화는 경쟁적인 디스인플레이션 그리고 자
본시장의 규제 완화를 통해 전 지구적인 규모로 모습을
드러냈다. 금융화는 공적 공간을 유동성의 창출을 위한

공간으로 바꾸고, 은행 융자에 의존한 급여 지급을 뒷전으로 밀쳐냈다. 은행 융자에 의존한 급여 지급은 포드주의 시대의 전형적인 실천이었다. 특히 주식시장 금융화의 비인간성[비인격성]에 익숙하지 않은 유럽식 라인란트 자본주의35에서는 말이다.

전 지구적 자본주의의 새로운 배치는 모방적 합리성의 논리에 따라 **선택성**whicheverness을 동원할 수 있는 역량, 투자가 **대중**을 동원할 수 있는 역량, 즉 여론에 의해 수행되었다. 1994~5년의 멕시코 위기와 1997년의 아시아 위기는 1998년의 러시아 위기와 꼭 마찬가지로, 시장의 가역성이라는 권력이 자본의 단기 운동에 영향을 줄 수 있다는 것을 보여주었다. 이 위기들의 특징은 기관 투자가들(연금기금과 상호기금)이 모습을 드러냈다는 것이다. 그리고 이 위기로 인해 서구 노동자들의 저축 대부분이 신흥 산업국에 투자되었다. 서구 노동자-투자가에게는 자신의 기금 보증이 아시아, 러시아, 또는 아르헨티나 프롤레타리아를 비참한 지위로 떨어뜨리는 것에 달려 있었는지의 여부는 전혀 문제가 되지 않았다. 그는 자신의 투자

---

35. [옮긴이] 라인란트 자본주의(Rhineland capitalism)는 독일 특유의 연방제에서 기인하는 합의 중심의 평등주의적 경영 방식을 일컫는다. 오랜 전통의 공동결정제도는 독일에서 비교적 안정적이고 노사갈등이 적은 노사관계 체제 확립에 기여한 것으로 평가받는다.

의 내용에 대해서는, 또는 투자나 투자 회수에 대한 결정이 지역 주민들의 신체들에 직접적인 영향을 미쳤다는 사실에 대해서는 전혀 관심을 가지지 않았다.

우리는 여기에서 무관심, 즉 부자 국가의 시민과 가난한 국가의 프롤레타리아 사이의 연대의 해체를 다루고 있는 것이 아니다. 이것은 훨씬 더 심원한 것으로서, 정보 과학기술의 구조적 효과들 그리고 노동의 본성에 대한, 노동과 노동자 사이의 관계에 대한 기업 조직(화)에서의 혁명과 관계가 있다. 따라서 우리는 여론의 선택성whicheverness과 인지의 개별적인 형태들 사이의 연계, 최근 생겨난 금융 관습과 그것의 사회적 수용 사이의 연계를 이해하기 위해, 신경제의 노동-생산 측면을, 그 가장 특수한 포스트포드주의적 측면을 고찰해야 한다.

프랑코 베라르디는 다음과 같이 쓰고 있다.

디지털 테크놀로지는 노동에 대한 완전히 새로운 시각을 제시한다. 첫째, 이것은 개념과 실행의 관계, 그리하여 노동의 지적 내용과 그것의 물질적 실행의 관계를 변화시킨다. 육체노동은 자동적으로 명령받은 기계들에 의해 수행되기에 이르고, 혁신적인 노동, 즉 효율적으로 가치를 생산하는 노동은 정신노동이다. 변형되어야 하는 물질은 디지털 시퀀스에 의해 시뮬레이션된다. 생산노동(가치를 생산하는 노동)은

컴퓨터화된 자동기계들이 이제 재료에 이전하는 시뮬레이션들을 수행하는 것으로 이루어진다.(Berardi, 2001, 50쪽)

매일 컴퓨터 앞에서 이루어지는 개인의 노동은 추상적이지만, 디지털 노동이 생산을 허용하는 지식 내용은 구체적이고 특수하다.

디지털화된 노동은 완전히 추상적인 기호들을 다루지만, 이것의 재조합 작업들은 고도로 특수하고 고도로 개인화되어 있다. 따라서 점점 더 교환가능성이 적어진다. 결과적으로 첨단기술 노동자들은 자신들의 노동을 삶의 가장 본질적인 부분으로, 가장 특이하고 개인화된 부분으로 간주하는 경향이 있다. 이것은 공장 노동자와는 완전히 반대다. 그에게 8시간의 임노동은 일종의 일시적인 죽음이다. 교대 시간이 되었음을 사이렌이 알릴 때에야 그는 이 죽음에서 깨어난다.(같은 책, 52쪽)

베라르디의 관찰은 훌륭한 출발점이다. 실제로 우리가 이해하고 싶은 것은, 포스트포드주의적 노동 변형들이 금융화 과정과 결합하여 어떻게 그러한 '금융 관습' ― 신경제를 만든 그러한 가산적家産的 개인주의 ― 을 낳을 수 있었는지, 그리고 그것을 어떻게 신경제의 뜀틀로 인도할 수 있었는지, 이어서 어떻게 신경제의 위기로 인도할 수 있었는지 하는 것이다. 작업장에서 일어난 변형들에 대한 가장 경청할 만한 연구들은 다음과 같은 측면들을 밝혀주었다.

1) 포스트포드주의적인 생산양식은 1970년대의 포드주의적인 모델에 대한 사회적·문화적 비판의 대사작용[신진대사]으로부터 출현했다. 이러한 일이 가능했던 것은 이 생산양식이 노동력의 가장 공통적인, 가장 공적인('비공식적인') 자질들 ─ 더 정확히 말하자면 언어, 소통적-관계적 행위 ─ 을 노동하도록 만들었기 때문이다. 이것은 도요타 혁명, 정보 과학기술('언어적 기계들')의 광범한 응용, 외부화 과정들(아웃소싱[36])의 공유된 결과이다.(Chiapello and Boltanski, 1999; Fiocco, 1998을 보라)

2) 노동의 종말에 대한 이론들(사실상 포드주의적-테일러주의적 노동의 종말에 대한 이론들)과 달리, 포스트포드주의는 노동시간의 엄청난 증대 그리고 임금과 급여 모두의 실질적인 하락을 초래했다. "문제는 노동의 종말이 아니다. 종말 없는 노동이 문제다."(Cohen, 2001) 노동 총량의 증대는 새로운 사회적 시간 블록들 ─ 관계적-소통 시간, 성찰을 위한 시간, 학습 시간 ─ 을 순전한 수행 노동executive

---

36. [옮긴이] 아웃소싱이란 기업이나 기관이 비용절감, 서비스 수준 향상 등의 이유로 기업에서 제공하는 일부 서비스를 외부에 위탁하는 것을 말한다.

work을 위한 시간에 덧붙인 결과였다.(Zarifan, 1995, 1996, 2001을 보라) 포스트포드주의는 고용계약에 의해 확인된, 노동과 노동자의 — 수행된 노동과 그 노동자의 신체 사이의 — 테일러주의적 분리를 극복하기 위해서 구조화되었다. '적성', '적응성', '반응성', '잠재성' 등이 노동력, 특히 젊은 노동자들을 채용하기 위한 기준이 되었다.

3) 포드주의 공장이 해체되면서 '가상 기업'의 망상적 인reticular 소통 공간의 발전이 이루어졌다. 네트워크 내에서 이루어지는 작업은 착취의 개별적 차원에 대한 집단적인 지각을 문제화한다. 노동의 자동화, 그것의 내적 위계, 이주, 임시 노동자들, **워킹푸어**working poor 등은 생산적 벡터들의 다양성이라는 계급 재구성에 대립하여 '이루어지는' 사회적이고 정체성적인 벡터들이다. 마르코 레벨리 Marco Revelli는 다음과 같이 쓰고 있다.

그럼에도 불구하고 이것은 '가치 사슬'의 윗부분에 의한 산재적 散在的 생산력들의 (사적 전유를 위한) 집중화와 예속화 역량을 없애지는 못했다. [가상기업의] 사회 권력은 새로운 산재적 생산 시스템을 지배한다. 그것은 이제 그저 덜 직접적으로 가시적이고 물질적인 형태로 작동한다(그것 역시 오늘날의 모든 권력들과 마찬가지로 보이지 않는 권력이다). 그것은 스스로를 강화하며 (명령이나 기계적인 도구들의 개인적인 사슬들 이상의) 소통적이고 언어적인 수단에 의해, (기술적 공간들을 물리적으로 한정하는 것 이상의) 상징적이고 규범적인 회로들을 활성화함으로써 예속화한다.(Revelli, 2001)

예컨대 브랜드 부여 정책들을 통한 상징적 권력 행사의 구체성은 나오미 클라인에 의해 잘 설명되었다.(Naomi Klein, 2001) 제품 생산으로부터 브랜드를 분리하는 것, 제품을 선전하고 판매하기 위해 대기업들이 사회 비판과 민중 동향을 흡혈하여 자기 것으로 만드는 것, 이것들은 포스트포드주의적인 노동 변형의 세계화된 얼굴이다. 더 일반적으로 말하자면, 경제적 권력이 공적 자원들(물과 공기, 또한 자연 언어 어휘와 같은 공통-사용 자원들)의 사유화에서 비롯되는 한, 이 권력은 지적 재산권(특허권, 저작권)(Rifkin, 2000)에도, 그리고 개인적 의존형태들에도 의거한다. 빠올로 비르노는 다음과 같이 쓰고 있다.

공통으로 나누어 가지고 있는 것, 다시 말해 지성과 언어를 노동하도록 만드는 것, 한편으로 그것은 업무의 비개인적인 기술적 분업을 허구적인 것으로 만들며, 다른 한편으로 예속화의 끈끈한 개인화를 유발한다. 지성의 공유에 함축된, 타자들의 현존과 맺는 불가피한 관계는 개인적 의존의 보편적

인 회복으로 간주된다.(Virno, 2001)

4) 포스트포드주의적 생산에서, 그리고 노동력의 인지적 특성들을 노동하도록 만드는 데에서 언어의 중심성은 특정한 노동 기업의 (재화를 생산하는 데 필요한 노동시간에 대한) **측정 가능성의 위기**로 귀결된다. 피에르 벨츠는 다음과 같이 쓰고 있다.

> 더 이상 선험적으로 수행 규범을 정의할 수 없다면 오직 한 가지 가능성만이, 즉 대상들을 작업 단위로 할당하고 사후에 그것들을 판단하는 것만이 남는다. 상세한 노동 절차들을 정교화하고 그것들을 고도의 위계적 조직들 전체로 전송하는 등의 분석적 노력이 비용이 너무 많이 들거나 쓸모가 없거나 또는 불가능하게 될 때, 또 이 세 가지의 상황이 모두 일어날 때 일종의 위계적 규칙들의 구조를 만들 가능성이 있다. 이 규칙들 속에는 행위자들 사이의 계약 관계들이 삽입될 것이며 가끔 갱신될 것이다.(Veltz, 2000)

가치를 측정할 가능성의 위기는 1990년대 후반 인터넷 기업들(소위 닷컴들)의 파산과 더불어 매우 문제적으로 모습을 드러낼 것이다.

5) 유연한 포스트포드주의 사회에서 경제적인 것들의

침투성과 절대화는 언어가 새로운 재화 생산 및 판매 양식 안으로 들어가는 침투성의 반영이다. 우리는 **기호-자본**, 즉 사회적 생산관계의 기호화에 대해 이야기할 수 있을 것이다. 사적인 것은 공적인 것이 되었고, 공적인 것은 경제적인 것이 되었다. 페데리코 치치^{Federico Chicchi}는 다음과 같이 쓰고 있다.

> 우리는 근대성의 위기에 대한 더욱 일반적인 사회적 성찰들을 사회적 배제와 관계있는 더욱 특수한 성찰들에 연결 지을 수 있다. 이것을 가능하게 해주는 것은 무엇인가? 그것은 사회적 맥락 속에서 '위험요인의 문화'의 헤게모니가 점증한다는 사실에서 그 기원을 찾을 수 있다. 이 사회적 맥락은 불확실하고 유동적인 공간으로 기술될 수 있을 것으로 보인다. 이 공간은 제도들의 위기에 의해 왜곡된다. 근대 안에서 이 제도들의 역할은 삶의 사적 측면을 공적 측면으로 연결하는 것이었다.(Chicchi, 2001)

6) 포스트포드주의 혁명은 어떤 의미에서 『그룬트리세』에서 맑스가 기술한 **일반지성**, 즉 노동시간을 가치의 '측정가능한 토대'로 만드는 기계 속에, **고정자본** 속에 축적된 기술적-과학적 지식을 뛰어넘었다. 포스트포드주의에서 **일반지성**은 기계들에 고정되는 것이 아니라 노동자의

신체들에 고정된다. 신체는, 말하자면, 정신노동의 공구 상자가 되었다. 빠올로 비르노는 다음과 같이 쓰고 있다.

맑스는 **일반지성**(즉 주요한 생산력으로서의 지식)을 고정자본과, 기계들의 체계 속에서의 '객관적이고 과학적인 역량'과 동일시한 것이지 나머지 다른 것과 동일시한 것이 아니다. 맑스는 그렇게 함으로써 **일반지성**이 산 노동으로 나타나는 측면을 간과했다. 우리는 포스트포드주의적 생산에 대한 분석에 의해 이러한 비판을 제기해야 한다. 소위 '자기고용 self-employment의 제2세대'에서, 또한 멜피의 피아트 공장 같은 급진적으로 혁신적인 공장에서 지식과 생산의 연결[접속]이 기계들의 체계에 전혀 제한되지 않고 남성과 여성의 언어적 협력 속에, 그들의 구체적인 일치된 행위 속에 절합되어 있다는 점을 인식하는 것은 어렵지 않다. 포스트포드주의 영역에서 결정적인 역할은 결코 고정자본 속에 집약될 수 없는 개념적 배열들과 논리적 도식들에 의해 수행되는데, 그 이유는 이것들이 사실상 복수의 살아있는 주체들의 상호작용과 분리될 수 없기 때문이다.(Virno, 2001)

우리는 포스트포드주의의 고유한 특징들 중의 몇 가지(단지 일부만, 그렇지만 두드러진 것들)를 종합적으로 살펴보았다. 이 특징들은 금융화 과정들과 결합해서 사회적이고 문화적으로 중요한 관습인 신경제를 만들어 내었다. 생산양식에서 일어난 변형들에서 매우 중요한 **디플레이션적 효과들이** 나타났음이 주목되어야 한다. 실제로, 노동의 개별화와 불안정화는 생산과정들의 중요한 단편화의 외부화(아웃소싱)와 마찬가지로, 급여와 사회적 비용(사회보장, 연금) 양자에서의 노동 비용을 직접적으로 공격했다. 이것은 보통은 평가 절하되는 측면이기는 하지만 저축과 투자의 관계에서 **은행 탈중개화**[37]를 야기하는 데에서 매우 중요한 역할을 한 측면이다. 실제로 디플레이션과 은행 금리의 당연한 하락으로 인해 저축은 전 세계적으로 증권시장, 특히 미국의 시장으로 유인되었다. 따라서 투자는 부를 생산하는 과정에서 일어나는 구조적 변형들로 인해 재무성 채권[38]에서 주식으로 전이되었다.

디플레이션은 포스트포드주의와 신경제 간의 **화폐적 연계**라고 말할 수도 있을 것이다. 연금기금과 상호기금이 가하는 압력은, 가치 창출을 중심으로 하는 거래소-상장 보통주에 대한 '낙관적인 관습'을 낳았다. 이러한 압력은 기업들로부터, 기초적인 수행 데이터로부터 이탈한 금융

---

37. [옮긴이] 정부의 금리 규제에 따라 은행에 대한 예금과 함께 은행의 대출과 유가증권 보유 등 전반적인 금융 중개의 규모가 축소되는 현상을 말한다.
38. [옮긴이] 미 정부의 재정적자보전을 위하여 재무성 명의로 일반대중에게 발행된 양도가 가능한 국채를 말한다.

수익률을 요구한다. 월가의 요구들을 충족시키기 위해 기업들은, 지난 수년간 주식 상환net issuance이 심지어 영寥 아래로 내려갈 정도로 엄청난 규모의 구조조정 계획(다운사이징[39])과 주식 재취득 프로그램(주식 환매[40])을 발달시켰다. 이러한 프로그램들은 기관 기금으로부터의 강력한 요구와 결합하여 주식에 대한 수요와 공급 사이의 불균형 증대를 야기한다. 이것은 주식 가격을 인위적으로(또는 관성적으로) 올린다. 증권 거래소에 상장된 회사들의 이윤이 성장하는 한 지속될 수 있는 과정이 존재하지만, 이윤이 하향하기 시작한 1997년 이래 그랬던 것보다 훨씬 그 가능성은 적다. 어느 경우이건 낮은 금리를 이용하고 지분에 대한 수익률을 높이기 위해 은행 융자에 의존하는 것은 본래 그리고 그 자체로 복잡하고 취약한 과정을 더 약화시키는 데 기여할 뿐이다.

말할 것도 없이 신경제의 **문화적** 결정요소들은 새로운 과학기술들과 소위 **일반지성** 기업가정신[41]이었다. 첨단 기술주株의 성공과 몰락은 집단적 상상력에 대한 새로운 과

---

39. [옮긴이] 기업의 업무나 조직의 규모 따위를 축소하는 일.
40. [옮긴이] 신용 거래에서 공매한 주식을 다시 매입하는 것을 밀힌디. 또 투자신탁 및 환매조건부채권 등의 거래에서는, 매출된 수익 증권이나 채권을 다시 매입하는 것을 환매라 한다.
41. [옮긴이] 기업가 고유의 가치관 내지는 기업가적 태도를 말한다.

학기술들의 흡인력에 비추어 설명될 수 있다. 새로운 과학기술들은, 좋건 나쁘건, 캘리포니아의 '신문화'[42]에 기인하는 현상들과 생산 및 노동 양식들의 재구조화를 결합시킨다. 교차 지점이 소통, 언어인 것은 우연이 아니다. 즉 그것은 결코 전례가 없는 수평적 소통의 망들을 직조할 수 있는 이러한 '언어적 기계들'의 역량이다. 레벨리는 컴퓨터 혁명의 사회문화적 기원들을 재구축하면서 다음과 같이 쓰고 있다.

> 웹들은 구식 생산자들의 단 하나의 특징을 보존했던 세기世紀의 새로운 형상 ― 세계를 변형하기 위해 '과학기술을 동원할 수 있는' 역량과 욕망 ― 을 비공식적인 방식으로 집약하고 형성했지만, 낡은 생산자들과는 달리 지방분권[43], 자발적 공유, 동료 간의 연대, 그리고 자유사상 등의 가치를 강력하게 믿는 성채였다. 적어도 두 개의 장밋빛 국면이 지속되는 한에서는 말이다. 이어서 세 번째의 국면이 도래했다. 소위 캐시카우[44]의 국면이 그것이다.(Revelli, 2001, 110쪽)

---

42. [옮긴이] 캘리포니아에 위치한 디지털 혁명의 총아 실리콘 밸리를 중심으로 형성된 문화를 일컫는 것으로 보인다.
43. [옮긴이] 중앙집권에 대응하는 용어로, 지방분권이란 일정의 지역주민과 그 정부(대표기관)의 자기 결정권을 확충하는 것이다.
44. [옮긴이] 시장 점유율이 높아 꾸준한 수익을 가져다주지만 시장의 성장 가능성은 낮은 제품이나 산업을 말한다. 즉 현재 수익 창출은 안정적이지

포 브론슨Po Bronson은 실리콘 밸리를 다룬 책에서 다음과 같이 쓰고 있다.

아무도 자신의 작은 방에 앉아 있는 나체주의자nudist를 보지 못하고 단지 달러 기호만을 볼 수 있다. 최근의 변동기에 나체주의자로 산다는 것은 내가 볼 때 이곳이 사람들이 어떻게 자신의 개인적 가치들을 일에 삽입하기를 원하는지에 대한 기본적인 상징, 즉 일과 놀이가 어떻게 견고하게 엮어지게 되었는지에 대한 상징(치과의사 트레일러나 즉석 세탁기보다 훨씬 더 좋은 상징)인 것처럼 보였다. 그렇지만 일부 사람들이 무정한 기업의 탐욕스러운 냉정한 테크노 밸리라고 여기는 것이 그에게는 에덴의 동산이었다. 그리고 거기에는 노출되고 상처받기 쉬운 벌거숭이nakedness와 관련된 순수한 무언가가 있었다. 그림에는 화폐도, 페라리도, 라바 램프[45]도, 포켓 프로텍터도, 티셔츠도, 오락도 없다. 오직 사람, 컴퓨터, 일자리가 있을 뿐이다.(Bronson, 2001, 22쪽)

새로운 과학기술들과 인터넷 회사들은 신경제의 확장 및 위기의 상징들이다. 그 까닭은 이것들이 포스트포드주

만, 미래 발전 가능성은 높지 않다는 것을 의미한다.
45. [옮긴이] 유색 액체가 들어 있는 장식용 전기 램프.

의적 변형의 두드러진 특징들(벌거벗은 삶, 노동, 그리고 취약성)을 종합하고 있기 때문이다. 금융시장으로 향하는 저축과 자본(벤처캐피탈[46])의 흐름이 소위 보편적인 방식으로 신경제를 하나의 지배적인 '관습'으로 창출한 순간 첨단기술 부문은 기동력이 되었다. 개별적 신념의 다양성은 신경제를 사실, 선택, 결정에 대한 하나의 해석적 모델로 '선택했는데' 그 까닭은 새로운 과학기술과 금융화의 융합이 좋든 싫든, 새로운 포스트포드주의 패러다임에 대처하기 시작한 수백만의 사람들의 생생한 경험을 표상했기 때문이다.

PC와 인터넷 회사들이 캐시카우, 화폐 기계가 되었던 것은 증권 거래소가 노동의 개별화, 고용불안, 리스크, 노동의/노동으로부터의 해방을 위한 욕망, 대항문화, 세계를 바꾸려는 욕망 들을 자본화하는 데 성공했던 때이다. 케인스가 규정한 바와 같이, 신경제를 하나의 관습으로 만들기 위해 위험자본[47]은 디스인플레이션과 은행 탈중개

---

46. [옮긴이] 고도의 기술력과 장래성은 있으나 경영기반이 약해 일반 금융기관으로부터 융자받기 어려운 벤처기업에 무담보 주식투자 형태로 투자하는 기업이나 그러한 기업의 자본을 말한다. 다른 금융기관의 소극적 태도와는 달리 벤처기업의 장래성과 수익성에 주목하여 이에 투융자하는 것으로, 장차 중소기업의 지식집약화의 첨병인 벤처기업이 주식을 상장할 경우 자본이익을 얻어내는 것이 목적이다.
47. [옮긴이] 기업이 사용하는 자본 가운데 경영위험을 부담하는 자본을 말한

화 과정으로부터 자유로워져야 했다.

그러나 또한 새로운 작업의 본질과 여론을 융합하기보다는 투자가들의 선택에 영향을 미치고, 시장을 '유인하며', 시장을 한 방향으로 밀어붙일 수 있는 **과학기술적 패러다임**이 필요했다. 비르노의 말처럼, 만약 "커뮤니케이션(또는 '문화')산업이 전통적으로 **생산수단 산업**이 수행했던 것과 유사한 역할을 수행한다면; 다시 말해 만약 이것이 어떻게 해서든, 이후 사회적 생산과정의 모든 국면에서 폭넓게 적용될 수단과 절차를 결정하는 하나의 특수한 생산 부문이라면"(Virno, 2001) 말이다. 또는 포 브론슨의 말처럼, 만약 "중부 미국인이 1975년 데이터 제너럴 사[48]와 1986년 마이크로소프트 사를 살 수 있는 기회를 놓쳤다면, 그래서 그들이 전혀 다른 컴퓨터 혁명이 일어나고 있다는 것을 듣는다면, 그들이 소프트웨어를 만드는 회사의 주식을 원하는 만큼 소프트웨어를 사기를 원하지 않는다면 [말이다]. 그러나 여기 바깥의 사람들에게는 괜찮다. 그들은 당신의 돈을 얻게 되어 행복할 것이다."(Bronson,

---

다. 주주가 출자한 자본이나 기업이 참가하여 그에 부가된 자본, 즉 자기자본은 기업이 최종적인 위험 부담자이며 최악의 경우 무가치가 될지도 모르는 성질을 갖고 있기 때문에 위험자본이라고 한다.
48. [옮긴이] 카스트로(Edson de Castro)가 1968년에 설립하여 미니컴퓨터를 생산하는 미국의 컴퓨터 회사의 하나.

2001, 32쪽) 그렇다면 관습으로서의 신경제는 언어 자체, 즉 재화의 생산 및 유통 수단으로서의 언어이다.

노동시간에 대한 비판적 고찰

포드주의 모델의 변형과 몰락을 이해하는 가장 좋은 접근법은 자본과 노동 간의 관계에서 재분절을 분석하는 것이다. 간소화하고 증대된 생산과정 유연성에서 노동력의 모든 부분들을 외부화하는 것(하도급[49], 아웃소싱)에 이르는; 지구 전역의 생산을 탈지역화하는 것에서 소통적 과학기술의 전반적인 적용(가상화)에 이르는; 국부적 지역을 하나의 복잡한 사회적 자원으로 바라보는 개선된 평가(산업지구)에서 금융 세계화에 이르는 다중적이고 폭넓은 변화들이 존재했다. 달리 말해, 포드주의적 모델의 위기-변형에 대한 분석은 육체노동자의 점진적인 감소와 대기업들의 규모 축소가 아니라 오히려 노동의 **본성**에 대한 철저한 재정의^{再定義}에 초점을 맞춰야 한다. 노동의 본성은

---

49. [옮긴이] 당사자의 일방(수급인)이 어느 일을 완성할 것을 약정하고, 상대방(도급인)이 그 일의 결과에 대하여 보수를 지급할 것을 약정함으로써 성립하는 계약을 도급(都給)이라 하는데, 수급인이 자기가 인수한 일의 완성을 다시 제3자에게 도급시키는 것을 하도급이라 한다.

근본적이라고 여겨지는 적어도 두 가지 방향에서 변화를
겪어 왔다. 하나는 '신-자기-경영'의 점증하는 전략적 중요
성의 형태로 이루어진 증대하고 있는 자동화이고 다른 하
나는 언어적이라고 부를 수 있는 소통적-관계적 특징이다.
노동은 더욱더 소통하기를 의미하고, 자본과 노동의 관계
는 점점 탈급여화(탈직무화 현상)되어 왔으며, 이것은 갈
등들이 결합되는 방식에서 근본적인 변화를 야기한다.

　　노동이 이루어지는 방식에서의 이러한 변화들, 포드
주의를 끝내고 포스트포드주의나 신경제의 시작을 알리
는 변화들은, 우리가 종종 부적절하게 시장 세계화, 즉 더
욱더 많은 신흥국가들이 노동과 무역의 국제적 분할 속으
로 들어가는 것으로 규정했던 것과는 부분적으로만 관계
될 뿐이다. 세계시장에서 경쟁이 늘어나고 임금과 급여의
구매력이 전반적으로 하락했지만, 역설적이게도 이것이
시장 판로들market outlets을 압박, 수축, 제한했다. 오늘날
생산한다는 것은 수요에서의 모든 극미한 변동을 활용[착
취]한다는 것이다. 그것은 '시장과 함께 호흡한다는 것'을
의미한다. 말하자면 시장을 공장 안으로 가지고 들어온다
는 것이다. 생산한다는 것은 수요에 반응하는 것을 의미하
지, 포드주의 경제의 경우에서 그랬던 것처럼 수요가 재
화의 공급에 의존하도록 하는 것을 의미하지 않는다. 공
급과 수요의 관계에서 일어난 이러한 역전은 소통이 생산

과정에 직접 들어오는 것에 그 기원을 두고 있다. 사실상 생산의 사슬이 **언어적 사슬**, 즉 **의미론적 연결**이 되었다는 의미에서, 다시 말해 소통, 즉 정보의 전달이 전기와 마찬가지로 원재료이자 노동의 수단이 되었다는 의미에서 말이다. 소통과 언어는, 포드주의 모델에서는 하나의 장애였던 것, 말하자면 기계화와 유연성의 절합을 가능하게 한다. 엔조 룰라니Enzo Rullani는 다음과 같이 쓰고 있다.

> 당신은 유연성을 잃지 않고 기계화할 수 있다. 당신은 기계류나 회사 **고유의**firm specific 지식에 직접 투자하지 않고 예컨대 **아웃소싱 네트워크**들을 활용함으로써 유연한 대응 체계를 조직할 수 있다."(Rullani, 1998)

더욱이 신경제를 '망상reticular 자본주의', 즉 의미론적 투자, 분산된 지식의 언어적 공유가 노동 ― 점점 더 **인지적**이게 되는 노동 ― 의 새로운 국제적 분할[분업]을 촉진하는 자본주의에 대해 이야기하는 것을 가능하게 해 주는 것이 바로 이 과학기술적으로 된 소통이다.

　　포드주의 모델의 또 다른 근본적인 특징 ― 프레데릭 윈슬로 테일러[50]의 과학적 모델의 특징을 이루는 노동과 노동자의

---

50. [옮긴이] Frederick Winslow Taylor (1856~ 1915) : 미국의 경영학자 ·

분리 — 역시 버려졌다. 오늘날 자본주의적 노동조직화는 이러한 분리를 극복하고, 노동과 노동자를 융합하며, 노동자들의 **삶 전체를 노동하도록 만드는** 것을 목표로 한다. 전문적인 자격증보다는 [실제적인] 기술이 노동하도록 강제되며, 그러한 기술과 함께 노동자의 감정, 느낌, 작업 이후의 삶, 말하자면 **언어적 공동체의** 모든 삶이 노동하도록 강제된다. 새로운 과학기술과 생산/분배 과정의 망상적 조직화 덕분에 지식은 더 이상 '또 다른 사물', 기계류나 재료나 완제품이 아니라 **지식 작업**knowldege work 51 그 자체에 구현된다. 소통 지원 체계 — 코드, 언어, 공유된 의미 — 에 힘입어 지식은 고정자본 및 법적 소유와 독립적으로 그 자체로 순환할 수 있게 된다. 기본적으로 이런 이유로 해서, 생산성 개념은 포드주의적 생산성(생산물의 양을 늘림으로써 단위 원가를 절감할 수 있다는 그 유명한 규모의 경제)과는 더 이상 관계가 없다. 오늘날의 생산성은 더욱더, 생각하지 못한 그리고 예측 불가능한 상황들, **비상 상황들에** 반응할 수 있는 능력들에 의해 결정된다. 이러한 상황들

능률기사. 필라델피아 출생. 테일러는 과학적인 방법에 의해 전 생산과정을 최소단위로 분해하여 각 요소동작의 형태, 순서, 소요시간 등을 시간연구와 동작연구에 의하여 표준화하고 차별능률급제를 채용하는 등 이른바 과학적 관리법이라는 새로운 관리법을 개발해 내었다.

51. [옮긴이] 데이터의 수집, 처리 그리고 전달 등을 포함하는 행위를 기본으로 하는 작업을 말한다.

은 우연성에 중심적인 역할을 부여하면서 어떠한 종류의 계획도 실행 불가능하게 만든다. 그러나 이러한 생산성은 지원 체계와 지식 전송 수단의 비물질화가 없다면, 자본의 부단한 정신화, 자본과 산 노동의 융화가 없다면 생각해 볼 수 없을 것이다. 고정된 기계에 구현되지 않는 ― 비용이 낮고 점점 시간이 덜 드는 ― **재생산성**은 **수확체증**[52]의 기원에 있는 또 다른 요인이다. 수확체증은 포드주의적 산업 경제에서의 노동과 불변 자본 같은 희소한 자원으로부터 생산성을 해방시킬 수 있는 가능성이다. 포스트포드주의 패러다임에서 한계, 즉 생산의 필수비용은 **언어적 공동체의 삶 자체**가 된다.

노동은 생물학적-재생산적 영역으로부터 분리된 노동 이상의 **활동적인 삶**이다. 노동의 이러한 새로운 본성은 노동 **범주**의 종말로 귀결될 수도 있을 것이다. 더욱이 이러한 분석적 가설은 실업과의 전투를 목표로 하는 노동 축소 및 노동 분배 모델의 기저를 이루는 토대이다. 이것은 다소 길게 고찰되어야 하는 논쟁적인 문제이다.

---

52. [옮긴이] 수확체증이란 투입된 생산요소가 늘어나면 늘어날수록 산출량이 기하급수적으로 증가하는 현상을 말한다. 대량의 자원을 대규모로 가공, 처리하는 전통적인 산업 부문에서는 수확체감의 법칙이 작용하는 반면, 적은 자원과 집약된 첨단 지식을 활용하는 지식기반 경제에서는 일반적으로 수확체증의 법칙이 통용되는 것으로 관측된다.

장기적인 안목으로 보면 **임금 노동에 바쳐진 평균적인** 삶-시간이 실질적으로 감소했다는 점은 분명히 옳다. 지난 세기에 걸쳐 삶-시간은 반으로 줄어들었다. 다음 또한 마찬가지로 사실이다. 우리는 임금 노동시간의 축소와 나란히 산업 시간의 위기를 목격했다. 산업 시간은 인간과 사물 외부에 있는, 동질적이고 추상적이며 측정 가능한, 그리고 계산 가능한 객관적인 시간이다. 산업 시간의 위기는 말하자면 뉴턴식 시간의 위기라고 할 수 있다. 하지만 우리는 임금 노동시간의 이러한 전반적인 축소로부터 성급한 결론을 이끌어내지 않도록 주의해야 한다. 예컨대 나는, 이것에 의거하여 자유 시간 이데올로기를 정교화하는 사람들에게 결코 동의하지 않는다. 이들은 자유 시간의 이름으로 노동시간을 효과적으로 분배하기 위하여 노동시간을 줄이라고 제안한다. 이런 식으로 그들은 실업과 싸우는 것을 목표로 삼는다.

노동과 삶의 관계, 생산 및 재생산과 '자유 시간'의 관계를 분석할 때, 사실상 우리는 **사회적 시간의 블록들** 간의 관계를, 그리고 그러한 블록들의 내적 분절을 분석하고 있는 것이다. 다시 말해 생산적 노동시간, 가사 노동시간, 그리고 자유 시간 간의 **구조화하는** 관계를 분석하고 있는 것이다. 자유 시간 이데올로기는 15세 이상의 전체 인구로 나눈, 평일[하루 평균]의 계약상의 노동시간이 대략적으로 2시간 30분이 된다는 통계학적 계산에서 비롯한다. 이것으로부터 다음과 같은 결론이 도출된다. 노동으로부터 자유로워진 시간이 우리의 작업 시간의 약 70%에 이르기 때문에 '자유 시간'이 사회적 시간 블록들의 구조에서 지배적인 요소라는 것이다. 달리 말해, 오늘날 우리는 하루에 평균 2시간 30분 노동한다!

허구적인 평균적 인간의 허구적인 평일을 발명함으로써 사회적 시간의 다양한 블록들의 크기를 계산하는 이러한 방식은 인구의 이질성을 부정한다. [평균적 인간의 평일은] 15세 이상의 모든 연령층의 남성과 여성, 그리고 심지어는 노동하는 사람들과 노동하지 않는 사람들을 뒤섞어버린다. 이러한 방식은 전기(傳記)적인 리듬들의 사회적 및 개인적 중요성을 부정한다. 시간이 마치 모든 개인들의 구체적인 삶에서 동일한 비중을 갖는 것처럼, 그리고 시간이 마치 주체적인 면에서 상이한 방식으로 경험되지 않는 것처럼 말이다. 마치 자신들의 활동적인[능동적인] 삶에서 8시간을 노동한 어떤 사람이 허구적으로 은퇴 생활을 할 것처럼 말이다. 이런 방식으로 순진하게 추론하게 되면 가사 노동시간을 자유 시간으로 간주하게 되고, 평일의 깨어 있는 시간 이외의 시간을 조직하는 직업 시간과 가사 시간의 본성을 부정하게 된다.

이러한 방법론적 문제들을 강조하는 것은 중요하다.

포드주의 시대의 시간에 대한 사회학적 분석이 이와 같은 천진난만한 과도한 단순화로 채워진다면, 포스트포드주의 시대에 우리가 어떤 혼동, 얼마나 많은 혼동 속에서 허우적댈지를 상상해 보라! 이러한 혼동은 평균적인 사회적 생활의 시간적 차원에 대한 오해로부터 유래한다. 실제로 지난 20년 동안 평균적인 사회적 노동일은 짧아지기보다는 오히려 더 늘어났다. 이러한 현상에 대한 매우 엄밀하고 중요한 연구가 미국의 사회학자 줄리엣 쇼[53]에 의해 수행되었다. 쇼는『과로하는 미국인』에서 1990년대 초반에 이르기까지 20년 동안 미국인의 평균적인 (직업과 가사) 노동일이 미국인들이 실제로 주당 겨우 16시간 30분의 자유 시간만을 누릴 수 있는 정도로까지 확대되었다고 설명한다.[54] '여가 시간의 중심성'이라는 것 또한 마찬가지다. 직업 및 가사 노동에 바쳐지는 시간은 양적으로 증대된다. 포스트포드주의적인 노동 변형에서 유래하는 생산 시간

---

53. [옮긴이] Juliet B. Schor (1955~) : 보스턴 대학의 사회학 교수이다. 노동 시간 및 여가, 소비에서의 경향, 노동과 가정의 관계, 여성 문제와 경제 정의에 대해 연구하고 있다. 웨슬리안 대학교에서 수학했으며, 매사추세츠 암허스트 대학교에서 경제학 박사 학위를 받았다. 보스턴 대학에 가기 전에 17년 동안 하버드 대학교에서 경제학부와 여성 문제 연구소에서 가르쳤다. 2006년 세계 개발 및 환경 기구에서 레온티에프 상을 받았다.

54. 쇼는 1쪽에서 다음과 같이 쓰고 있다. "이러한 경향이 세기말까지 계속된다면 미국인들은 19세기에 그랬던 것처럼 다시 자신들의 직업에 많은 시간을 소비하게 될 것이다."

의 새로운 특징들에 비추어 시간의 이러한 양적 증대를 분석해 보면, 시간 및 직업 시간의 축소 문제가 매우 복잡하다는 것이 분명해진다. 이 문제는 순수한 계약적 관점으로는 결코 해결될 수 없다.

소위 일반적 합의가 존재하는 유일한 지점은 물질적 생산에 **직접적으로 필요한** 노동시간의 축소, 다시 말해 물건들을 생산하는 데에서 손동작 실행에 드는 시간의 축소이다. 우리는 이것이 새로운 과학기술이 아니라 매우 낡은 기술 개념인 자동화의 결과라는 점을 상기해야 한다. 자동화가 실행되는executory 육체노동의 시간과 피로의 축소를 불러온 것이 사실이라 할지라도, 또 자동화가 다른 활동들을 위한 이용 가능한 시간을 더 많이 자유롭게 하는 것이 사실이라 할지라도, [자동화가] **물질적인 생산을 위해 직접적으로 필요한 노동시간이 광의의 생산적 활동의 본질적인 요소가 더 이상 아니라는 점** 역시 사실이다. 임금 및 급여 비용에 대한 통제가 여전히 집중되어 있는, '고전적인' 뉴턴식-테일러식 시간의 축소와 함께 우리는 **새로운 시간들의 출현**을 목격해 왔다. 그것은 사건들/사태들[창발성들]의 생산을 다루는 데 바쳐지는 시간, 혁신을 위한 기획들의 설계에 관계된 시간, 훈련 시간, 공급자와 소비자가 계약을 하고 유지하는 것처럼 관계를 이루는 시간, 서비스나 업무 사이의 계약 시간, 소비자-사용자에 귀를 기울이고 그들과 대화하는 데 필요한 시간 들이다.

좀 더 면밀히 살펴보면, 우리는 한편으로 노동자의 신체에서 **분리된** 기계에게-명령된 시간의 축소가 존재했던 반면, 다른 한편으로 산 노동의 언어적-소통적-관계적 시간, 즉 신경제에서는 상호주관적 소통이나 가치-창출적 협력을 수반하는 시간의 폭발적 증대가 존재했다는 것을 알 수 있다.

포스트포드주의 체제에서 사회적 노동시간의 언어적 본질은 부분적으로, 기업들의 체계의 시각에서 이루어지는 포스트포드주의적 패러다임에 대한 분석을 약화시킨다. 반면 그와 동시에 그것 때문에 우리는 사회적 영토로**부터 출발하는** 사회적 생산성을 재규정할 수밖에 없다. 성장과 생산성의 한계를 규정하는 것은 사회적 영토(산업지역, 종교, 민족, 또는 국가들의 집합)이다. 그것은 **구체적 공동체**로서의 영토이며, 이 영토 위에 자본주의적 **명령**이 행사된다. 이것은 인지적 노동에 대한 국제적인 분할의 재구조화 및 재조직화의 표적이 되어 왔다.

그러나 새로운 일자리를 창출하기 위해 노동시간을 줄이는 문제로 돌아가기 위해서는 자유 시간 이데올로기의 가장 잘못된 효과들 중의 하나가 생산의 새로운 사회적 관계들의 지형에 대한 정치 투쟁의 술어들을 혼동시키는 것이었다는 점을 이해하는 것이 중요하다. 포스트포드주의 노동의 언어적 본성에 대한 오해는 생산 시간을 고정자본, 즉 산 노동에서 분리된 기계에 구현된 지식에 의해 명령 받는 뉴턴식-테일러식 시간으로 바라보는 관점에서 비롯되었다. 이러한 오해로 인해 적잖은 사람들이, 자본 생산성의 관점에서 볼 때 그 중요성이 점점 줄어들고 있는 생산에 직접적으로 필요한 바로 그 노동시간을 단축하는 것으로써 실업 문제에 맞설 수 있다고 믿게 되었다. 이것은 경제적 모순을 경제적으로 해결하려고 노력하는 것으로 귀결된다. 이것은 산 노동의 생산력을 부정함으로써 고용을 창출하려고 노력하는 것을 의미하며, **포드주의적** 완전고용의 이름으로 **가장 빈곤한 종류의 노동**을 재분배하는 것을 의미한다.

'초과' 노동자들을 재흡수하기 위해 자본으로 하여금 고용을 창출하도록 강제하는 유일한 길은 **노동시간의 블록들을 풀어주는 것**, 예컨대 1주 노동시간에서 하루를 **빼**는 것이다. 더욱이 이것은 다음과 같이 말하는 것이다. 우리가 노동시간의 단축을 위해 싸우는 것이 옳다고 믿는다면, 그것은 노동시간을 단축하는 것이 새로운 일자리를 창출할 필요가 아니라 무엇보다도 **삶의 질**에 연동된 목적이기 때문이다. 노동시간의 단축은 미래를 위한 **기획**이다. 그것은 현재 상황이 아니다.

말하자면 노동시간 단축의 윤리적 차원은 삶의 질을

개선시키기 위한 투쟁 속에서 나타나는 것이지 일자리를 자유롭게 하고자 하는 욕망에서 나타나는 것이 아니다. 그리고 더욱이 맑스 이래로 노동시간의 단축을 위한 노동자 운동의 투쟁 역사에 대해서도 마찬가지로 이야기할 수 있다. 여전히 '폭스바겐 신드롬'[55]에 갇혀 있는 사람들에게는 다음과 같은 사실을 상기시키는 것이 유용할 것이다. 노조와 최고 경영진이 경영진 사이에서 저 유명한 합의가 이루어진 이유는 시민권에 대한 어떠한 정치적 개념과도 관련이 없다. 보다 단조롭게 말하자면, 종업원들을 명령에 순응시키기 위해 노동력을 유연화하는 것과 관련이 있었다. 오로지 차 한 대를 생산하는 데 254달러를 절약하기 위한 것이었다. 다시 말해 그 합의의 일차적인 목적은 **경제적인 것이었지**, 새로운 일자리를 창출한다는 '윤리적-정치적'인 것이 아니었다. 그래서 실제로 그 합의는 새로운

---

55. [옮긴이] 1970년대 후반에서 1980년대 중반까지 독일 자동차산업에서 일어난 소집단노동 실험을 의미한다. 포드주의적인 작업조직에 반발하는 노동자들의 저항에 대한 대응으로 독일의 학계, 노동계, 산업계는 '노동의 인간화'에 관한 논의가 활발하게 벌어졌다. 노동생활의 질과 노동생산성을 동시에 향상시킨다는 목표 아래 여러 공장에서 새로운 작업 조직에 대한 프로젝트가 실험되었는데, 폭스바겐사는 엔진을 기존의 컨베이어 라인이 아닌 일종의 고정된 조립팀에서 조립했다. 노사의 자율적인 협상에 의헤 이루어긴 이 소집단노동 실험이 동기부여의 측면과 생산성의 측면에서 긍정적인 효과를 낳자 1980년대 중반 이후로 독일 자동차 산업 전반으로 확대되었다. 이 실험은 작업 조직의 변화뿐만 아니라 경영 합리화의 한 차원으로 실시되었다.

고용이 아니라 해고로 이어졌다. 노조의 편에서 급여를 삭감하고서라도 자동차 산업의 해고 물결을 피하기 위해 노력하는 연대감이 존재했었다는 것은 누구도 부인하지 않는다. 그러나 연대에의 호소가 노동 비용을 낮춤으로써 회사 소득을 재정립하는 것을 목표로 했던 폭스바겐 경영진의 주도권에 대한 대응에서 나왔다는 사실에는 변함이 없다.

프랑스의 **노동시간 단축**RTT ; reduction du temps de travail — 1998년 조스팽[56]에 의해 도입되어 현재 1천 5백만 명의 노동자들(20세 이상 노동자들을 고용하고 있는 기업의 65%)에게 영향을 미치고 있는 주당 35시간(더 정확히 말하자면 1년에 1600시간) — 은 1년에 11일에서 16일의 휴가 기간을 '확보했지만, 그것은 또한 프랑스의 연구 기관 〈다레스〉Dares가 조사한 63%의 노동자들에게는 실질 생산성이 상승하고 스트레스가 늘어난다는 것을 의미했다. 자유로운(또는 확보된) 날들은 우선 고용주들이 선택하였고(예컨대, 항상 월요일 또는 항상 금요일), 그래서 유연성[융통성, 유연도]은

---

56. [옮긴이] Lionel Jospin (1937~) : 프랑스 정치가. 1995년 사회당의 대통령 후보로 나섰으며 1차 투표에서 47%의 지지를 얻어 돌풍을 일으켰으나 2차 투표에서 시라크에게 아깝게 패배하였다. 그 후 1997년 시라크 대통령이 결정한 조기 총선 때 사회당을 이끌고 승리를 쟁취해 사회당·공산당·녹색당의 연합 내각 총리가 되어 2002년까지 역임하였다.

노동자에게 일방적으로 부과되었다. 실제로, 노동시간을 단축함으로써 (프랑스 경제인연합회에 속한) 고용주들은 생산성을 향상할 수 있었고 급여나 임금을 동결하거나 깎을 수 있었다. 노동인구의 85%가 임금이 실질적으로 하락하였다. 결국 RTT가 유도한 연금 및 보건 비용의 증대는 기업에 대한 정부 보조금에 의해 더 많이 벌충되었다. RTT가 모두 6배의 새로운 일자리를 창출한 것으로 추정되지만, 노동시간 단축에 비교해 볼 때 그에 어울리지 않는 생산성 증대를 고려한다면 그것이 그렇게 많은 것은 아니다.

> 대부분의 회사 노동자들은 그것(RTT 그리고 휴식 시간과 주말을 자신들의 가장 효율적인 노동시간으로 편입시키는 것)을 하나의 퇴보로 경험했으며, CGT(노조) 활동가들은 그것을 '구세대'의 투쟁들이 쟁취한 권리들을 [자본이] 회수하는 은폐된 방식으로 간주한다. …… 그래서 노동자들은 자신들의 물질적 행복well-being 문제를 액세서리로 여기는 것을 감수해야 한다고 체념한다. 마치 소득 증대의 달성을 포기해야 할 것처럼 말이다. 그들은 고용 재분배의 이름으로, 근로 빈민이나 복지 수혜자로 전락할 것이라는 영구적인 위협을 받으며 그저 표면 위를 계속 표류해야 하는 운명이었던 것처럼 보인다.(Beaud and Pialoux, 2000, 423쪽)

요약해서 말하자면, 사람들은 더 많이 일하고 있다. 그리고 계약상의 노동시간을 단축하지 않고도 또 (십중팔구) 급여를 축소하지 않고도, **본질적으로 새로운 일자리를 창출할 정도로 충분히 많이 일하고 있다.** 사실상 노동[이 지속되는] 기간duration of work이 상당히 단축되고 있는 상황에서 급여비용의 상승을 피하기는 어렵다. 그리고 특히 격렬한 경쟁적 환경에서 어떠한 기업도 이러한 위험을 무릅쓰는 데 동의하지 않을 것이며, 이러한 경쟁이 위협받는 것을 구경만 하지는 않을 것이다. 이러한 까닭으로 대부분의 경우 노동시간의 단축은 역시 급여의 (비록 균형 잡히지는 않는다 하더라도) 감축이 뒤따르거나, 프랑스처럼 유연한 노동 스케줄의 **연례화**가 수반되었다. 실업과 씨름하는 문제는 무엇보다도 **새로운 소득의 창출·분배**와 관련된 것이지, 취업자와 실업자 사이의 소득 재분배의 결과에 따른 기존 소득의 감소와 관련된 것이 아니다.

화폐의 언어적 차원에 대하여

고찰할 만한 가치가 있는 또 다른 문제는 포스트포드주의의 전 지구적이고 금융적인 차원이다. 나는, 지난 세기 국제화internationalization 과정과 관련하여 오늘날의 세계화globalization에 특별히 새로울 것이 없다고 진술하는 사람들에게 부분적으로 동의한다. 그렇지만 오늘날의 세계화에는 중요한 측면이 존재하는 것 같다. 우리는 이러한 측면을 통해 오랫동안 지속될 운명인 전례 없는 과정들에 대해 이야기할 수 있을 것이다. 특히 나는 **가계 경제의 금융화**, 즉 수익 증대를 희망하며 가계 저축의 점점 더 많은 부분을 전 세계의 주식시장에 전용하는 것에 대해 생각하고 있다.

이것은 **일국의 중장기국채**57를 가정의 이연 수익deferred income 58(또는 연금기금을 고려한다면 기여금이나 보조금)의 중심에 놓은 포드주의적 저축 순환에서 하나의 전환점을 이룬다. 이 새로운 경향의 결과들은 예측하기 힘들다. 확실한 것은, 우리가 **리스크의 세계화**나 전 세계적인 분배, 즉 전례 없는 '리스크의 사회적 구축'을 목격하고 있다는 것이다. 이것은 일국적인 복지 국가의 축소와 함께 읽혀야 한다. 따라서 일국의 '리스크 공동체community'는 도외시되는 한편, 전 지구적 국가, 초국가적 국가가 결정적

---

57. [옮긴이] 'treasury note'는 미국의 재무부 명의로 발행되는 중장기국채를 가리킨다.
58. [옮긴이] '신수 수익'이라고도 한다. 이연 수익은 발생주의 회계에서 아직 인도되지 않은 재화나 용역의 대가로 수령한 돈이다. 수익 인식의 원칙에 따르면 이연 수익은 인도가 이루어질 때까지 채무로 기록되며, 인도가 이루어지면 수익으로 전환된다.

인 중요성을 띠게 된다. 이 저축의 금융화가 사실상 포스트포드주의적 생산양식의 **디플레이션적 특징**에 그 기원을 갖는다는 사실, 시간이 지나면 가치가 오를 수당benefits을 지불해야 하는 처지에 연금기금이 놓인다는 사실, 그리하여 상승된, 고로 위험 요인이 높은 수익을 바란다는 사실. 우리가 이러한 사실을 덧붙인다면 우리는 이 새로운 금융적 세계화의 **직접적인** 기원이 생산양식 상의 구조적 변화들에 존재한다는 점을 이해할 수 있다.

금융자본주의에서 일어난 지난 20년간의 변형들과 그것이 자유주의적 세계화의 위기에서 차지하는 역할을 분석하는 것은 어려운 일이다. 가장 큰 어려움들 중의 하나는 정확히, **디스인플레이션**을 장기적인 구조적 과정으로 바라보는 우리의 이해방식과 관계가 있다. 자본주의의 역사에서 장기적인 성장 경향이 대부분 인플레이션적 특징을 띠었음을 고려한다면, 이 어려움은 부분적으로 이론적인 것이다. 그래서 이론적 연구(와 특히 맑스주의적 연구)는 무엇보다도 화폐와 신용의 대립에 집중되어 왔다. 그러나 어려움은 또한 정치적이기도 하다. 왜냐하면 디스인플레이션은 가정경제의 금융화, 가계 저축의 구조 속에서의 금융적 주식 보유의 증대, 결과적으로 전 지구적 금융 체계의 동역학 속에서 기관 투자가들의 증대하는 중대한 역할과 직접적으로 상호 작용하기 때문이다.

그 어려움이 정치적인 까닭은 삶의 국면들의 금융화가, 일부 의미심장한 인구학적 수정에 대한 성찰이며 복지국가의 재분배적 역할에서 하나의 역사적 전환점의 징후라는 점은 차치하고라도, 우리로 하여금 저절로 살아 움직이는 것처럼 보이는(점점 더 규정하기 힘든) '실물 경제'와 '금융시장' 간의 힐퍼딩[59]주의적이고 통화주의[60]적인 이분법을 넘어서도록 강제하기 때문이다. 로렌조 실라리오Lorenzo Cillario는 다음과 같이 쓰고 있다.

두 가지 주요한 해석들 중 어느 것도, 즉 신자유주의적이고 통화주의적인 철학들에 가까운 '부르주아' 이론도, (거기에서 파생한 것으로 추정되는 맑스주의적 기반을 잘못 이해하고 있는) 어떤 '비판적' 사유의 해석도 이 점을 확신하고 있지 못하다. 첫 번째의 것[부르주아 이론]은 통화주의적이고 금융적인 과정들의 자율을 이론화하는데, [이 이론은] 그러한 자율의 원인이 화폐가 나름의 삶을 즐긴다는 극단적인 생각

---

59. [옮긴이] Rudolf Hilferding (1877~1941) : 오스트리아 태생의 독일 정치가·경제학자(1877~1941). 사회 민주당의 이론적 지도자로 제국주의의 금융 자본을 분석하여 마르크스 경제학을 발전시키는 데 공헌하였다. 저서에 『금융자본론』(김수행·김진엽 옮김, 비르투출판사, 2011)이 있다.
60. [옮긴이] 중앙은행의 태환권 발행액을 그 정화 준비량과 같게 조절하면 물가가 안정된다는 이론. 19세기 초에 영국에서 주창되었고, 적절한 통화량만이 물가를 안정시킬 수 있다는 학설로 발전하였다.

에 있다고 생각한다. 자본은 자기발생적이며 인간의 노동 및 생산과정과는 아무런 관련이 없다는 것이다. 이 이론은 부가 본질적인 선과 악에 의해 창조되거나 파괴된다고 생각한다. 다른 이론[비판적 사유]는 금융시장이 단지 투기적이고 허구적인 특징들만을 표현한다고 비난한다. 지수와 주식시장의 상승 운동이 단지 '투기적인 거품'이라면, 몰락[하락]은 십중팔구 (금융 활동이 자신의 바로 그 본성에 새겨진 잘못된 성향이 실물경제의 행태를 왜곡하는 것을 겪어야 하는) 정당한 응징[징계]이다.(Cillario, 1998)

지난 20년간의 금융 세계화의 역사적 재구축은 우리가 앞에서 살펴보았듯이 디스인플레이션(인플레이션율의 점진적인 감소)을 아시아의 위기 이전에 개시된 구조적 과정으로 특징지을 수 있도록 해준다. 아시아의 위기는 일반적으로, 국제적으로 거래된 재화의 가격 몰락의 주요 원인으로 간주된다. 이 사실은 아주 중요하다. 첫째 이것은 디스플레이션의 시작점을 국제경제의 정점에서, 즉 1979년 볼커Volker의 통화주의적 좌절을 겪은 미국에서 찾기 때문이다. 둘째, 디스인플레이션적 과정은 그 전반적인 변형의 힘을 화폐적 언어의 전통과 자본 증대 과정의 혁신 간의 모순에서 발견한다. 노동계급에 대한 자본의 공격에 직면하여 이루어진, 전통적인 포드주의적-통화팽창론적 언어들의 **저항**(노동자들의 저항 그리고 급여 변수의 하향 경직도인 케인스주의적 합리성의 저항 모두)이야말로 자본주의 역사상 금융화 과정들 및 금융화 테크놀로지에서 이루어진 가장 눈부신 도약들 중의 하나의 기원에 해당한다. 2세대 자영업의 성장을 야기했던 생산과정의 유연화와 사회적 노동 비용의 외부화는 포드주의의 사회적 구성을 파괴하려는 욕망과 '반통화팽창론적인 통화주의 정책에 내재한 합리적인 기대들'(Marazzi, 1998을 보라) 사이의 긴장의 결과이다. 셋째, 포드주의적· 사회경제적 지형의 분산은 증대하는 **수확체증** 경제로의 이행을 불러왔다. 사회관계들의 언어를 노동하도록 만드는 것, 즉 공장 출입문을 넘어서는 생산적 협력의 활동이 수확체증 경제의 기원이다. 수확체증은 노동인구의 소통적-관계적 협력의 착취를 높임으로써 이윤율 감소에 대응한다.

앞에서 언급했듯이, '수확체증'은 산 노동의 생산성 한계점을 결정하는 것이 더 이상 불변의 물리적인 (고정) 자본이나, 심지어 고용 수준이 아니라는 것을 의미한다. 수익이 증대하는 것은 불변자본 자체가 언어적이 되었기 때문이다.[61] 자본의 대리인들agents of capital이 지닌 **강력한 유효성**은 순서가 뒤바뀌어 노동 인구 속에 직접적으로 내재

---

61. 사회 전체의 신체가 말하자면 '불변자본'이 되었다.

화되었다.

오늘날 미국에서는 증권거래소에 상장된 회사들의 **자본적 지출**[62]의 98%가 회사 내부에서 자금 지원을 받는다. 그리하여 배당금, 이자, 인수합병M&A, 주식 환매 등, 더 정확히 말하자면 회사에서 주주들에게로 양도되는 금융 소득의 총계는 뱅킹시스템[63]에서 빌린 돈에 의해 생산이 이루어지며, 증권시장에 대한 조작[투기매매](금융 소득을 발생시키는 바로 그러한 조작)에 활용된다. 1985년에서 1997년까지 배당금, 이자, M&A, 그리고 주식 환매의 총합은 자본 투자의 총합보다 약 5% 이상 더 많게 되었다. (Henwood, 1998을 보라)

다시 말해, 회사가 은행에 진 부채는 자본 투자보다는 오히려 일종의 케인스주의적 **유효수요**[64]에 융자하는 데 기여한다. 대다수의 가정경제가 이용할 수 있는 금융자산의

---

62. [옮긴이] CAPEX라고도 하며 미래의 이윤 창출, 가치의 취득을 위해 지출된 투자 과정에서의 비용을 말한다. 자본적 지출은 기업이 고정자산을 구매하거나, 유효수명이 당 회계연도를 초과하는 기존의 고정자산 투자에 돈이 사용될 때 발생한다.

63. [옮긴이] 대표적인 온라인시스템의 하나. 은행의 예금계좌를 은행의 계산 센터에 설치된 컴퓨터 파일장치에 집중시키고, 각 지점에는 입출금 관리용 단말장치를 배치함으로써 계좌를 관리한다. 이렇게 함으로써 예금자는 동일한 은행의 지점이면 어디에서나 입출금을 할 수 있고, 또 예금과 송금을 동일한 시스템으로 할 수 있다.

64. [옮긴이] 실제로 물건을 살 수 있는 돈을 갖고 물건을 구매하려는 욕구를 말한다. 확실한 구매력의 뒷받침이 있는 수요이다.

일부가 주식에 대한 투자에 기원을 둘 때 더욱더 그렇다. 예를 들어, 1998년 미국 가정들의 유동성 자산[65]은 13조 8천억 달러에 이르렀는데, 그중에서 주식이 43%, 은행 예금이 23%, 상호기금이 17%를 차지했다. 그리고 저축이 부족한 곳에서 총 소비자 수요의 높은 수준을 유지하는 것은 사채이다. 이러한 것은 미국뿐만 아니라 모든 경제 선진국들에서 진행 중인 경향이다.

오를레앙은 다음과 같이 쓰고 있다.

분명 주식은 돈이 아니다. 주식의 유동성은 그것이 보편적인 교환 수단으로 받아들여지지 않는다는 의미에서 부분적일 뿐이다. 그럼에도 불구하고 주식의 순환 영역은, 준비자산[66]으로서만이 아니라 상거래의 특정 유형들을 위한 교환 수단으로서도 역시, 이미 매우 거대하다. 한 회사가 자신이 보유한 주식 덕에 다른 회사를 손에 넣을 때, 더 정확히 말하자면 한 경영자가 스톡옵션으로 지불 받는 것을 받아들일 때, 우리는 이러한 점을 목격한다. 따라서 우리는 이러한 이유로,

---

65. [옮긴이] 상대적으로 작은 가격변동을 경험하면서 짧은 기간에 매매가 이루어질 수 있는 자산. 미국 재무성 증권은 매우 유동성이 높은 자산의 예이다.

66. [옮긴이] 통화당국이 국제수지적자를 결제하거나 자국통화의 환율을 일정 변동폭 내에서 유지시키기 위한 목적으로 환율조정에 개입하기 위해 사용할 수 있는 자산으로 국제유동성이라고도 한다.

아직 소비재를 구입하는 데 사용될 수 없다고 해도 주식이 통화의 맹아적embryonic 형태를 구성하는 것으로 간주할 수 있다. 이 형태가 발육할지 안 할지의 문제, 그것이 술어의 완전한 의미에서 통화가 될지 안 될지의 문제는 어떤 의미에서 우리가 분석해 볼 만 한 일이다. 왜냐하면 사건들의 이러한 전환이 주권의 원리에서 근본적인 변화를 만들어 낼 것이기 때문이다.(Orléan, 1999, 242쪽)

우리는 신경제의 본성에 대한 우리의 분석에서 중요한 지점에 이르렀다. 우리는 금융화가 어떻게 유동성 개념의 중심에 놓여 있는지 살펴보았다. 우리는 마찬가지로 유동성이, 금융시장 경제에 참여하는 다수의 주체들에게 여론 행위를 구현하는 화폐의 한 기능(또는 맑스주의적으로 말하자면 자연적인 형태)라는 점을 관찰했다. 여론이 투자가들의 선택/결정의 방편으로 기능하기 위해서는 모두에게 하나의 관습 또는 '참된 것'으로, 즉 지배적인 것으로 간주되는 해석 모델을 갖추어야만 한다. 이러한 관습은 사회 자체에 의해 생산된다. 그리고 역사적으로 볼 때 이러한 관습은 생산, 소비, 상상력이라는 사회관계들의 복잡한 형태 속에서 표현된다. 신경제에서 (사회적인 그리고 금융적인) 관습은 과학기술적인 언어적-소통적 패러다임으로 표현되어 왔다.

금융적 유동성의 경이로운 성장, 이것에 이끌려 일부 사람들은 피상적으로 신경제를 '카지노 자본주의'로 정의했다. 실제로 이것은 중앙은행에서 금융시장으로 화폐 창출이 **환치된다**는 전조이다. 사실상 여론은, 그리고 여론의 소통적 행위는 중앙은행이 1990년대 내내 유지했던 유동성의 양을 창안했다. 화폐의 공급은, 분명 미국에서 그러나 그곳만이 아닌 다른 곳에서도, 중앙 화폐 당국[중앙은행]에 의해 (선)결정된 어떠한 양적 목표와 **무관하게** 늘어났다. 화폐 공급은 그와 달리 (회사들과 개인으로서의 시민 모두) 투자가들의 수요 증대에 대응하여 늘어났다. 미국 연방 준비 제도이사회는 유동성을 위한 이러한 요구를 **화폐화하는** 것 이외의 어떤 것도 하지 않았다. 이러한 유동성은 여론 활동에 의해 생산되었다.

우리가 나중에 살펴볼 것처럼 화폐 형태에 대한 **질적 분석**의 견지에서 볼 때, 화폐 창출이 중앙은행 영역에서 금융시장으로 이전됨으로써 **주권**sovereignty의 본성에서 변화가 일어난다.[67]

---

67. 이것이 금융시장이 중앙은행이 주조한 것과 구별되는 그들만의 특수한 통화를 창조한다는 것을 의미하지 않는다는 것에 주의하라. 그것은 중앙은행이 유동자산의 순환을 보증하기 위해 마지막 심급에서 화폐의 창조자로서의 자신의 역할을 수행하기 위해 금융시장의 운동을 따를 수밖에 없다는 것을 의미한다.

유동성의 창출이 단연 은행 업무^{banking} 기능인 곳에서 주권은 국민 국가에 속한다. 그와 달리 유동성의 창출이 단연 금융적인 곳에서, 주권은 여론 그리고 역사적으로 그러한 여론에 고유한 사회금융적 관습에 속한다. 첫 번째 경우에서, 화폐 형태는 시민권의 원리에 기반하는 사회에 속하는 방식을 규정한다. 두 번째 경우, 즉 금융적 유동성의 경우에서, 화폐의 형태는 초국적인 소속감, 즉 견해[여론]의 체제가 국민적으로[민족적으로] 구성된 국가의 대의 체제보다 우세한 전 지구적 시민권을 규정한다.

신경제와 관심 결핍

경기순환의 동역학과 신경제의 위기(이 책의 2장을 보라)를 자세히 분석하기 전에, 한편으로는 포스트포드주의에 전형적인 지식/성찰 노동시간의 증대로 인해 발생된, 다른 한편으로는 소위 정보권^{infosphere} 68의 무한한 확대로

---

68. [옮긴이] 정보권(Infosphere)은 정보와 권(圈)으로 이루어진 신조어이다. 이 단어가 처음 문서상에 등장한 것은 R. Z. 셰퍼드가 쓴 1971년의 『타임』지 서평이었다. 여기에서 그는 다음과 같이 쓰고 있다. "물고기가 물을 개념화하거나 새가 공기를 개념화할 수 없는 것과 꼭 마찬가지로 인간은 자신의 정보권을 거의 이해할 수 없다. 정보권은 저널리즘, 오락, 광고, 정부의 상투적인 문구들로부터 이루어진 전자 및 활자 오염물질로 이루어

인해 발생된 좀 더 거대한 모순들 중의 하나를 간단하게 살펴보는 것이 좋을 것 같다. 베라르디는 자신의 책『불행

진 포위층이다." 1980년 앨빈 토플러는『제3의 물결』에서 이 용어를 사용했다. "우리가 무엇을 믿기로 선택하건, 불가피하게 명확한 것은 우리가 우리의 정보권을 근본적으로 바꾸고 있다는 점이다. …… 우리는 사회 체계에 완전히 새로운 소통의 층(層)을 추가하고 있다. 출현하고 있는 제3의 물결의 정보권은 (대중매체, 우체국, 전화가 주도한) 제2의 물결 시대의 정보권을 절망적으로 원시적인 것처럼 보이도록 만든다." 토플러의 정의는 1990년대 '정보권'이라는 용어의 사용이 인터넷, 사회, 문화의 공통적인 진화에 대해 사고하기 위해 미디어를 넘어 확대되면서 예언적인 것임이 입증되었다. 스티브 베드로는『디지털 규범』에서 다음과 같이 쓰고 있다. "프랑스의 철학자이자 신부인 피에르 테야르드샤르댕이 인간 사고, 발명, 정신적 추구의 공유된 인지권(人智圈)이라고 부른 것에서부터 비롯된 정보권은 때때로 우리의 신체적, 정신적, 에테르적 신체들을 삼켜 버리는 장(場)을 개념화하기 위해 사용된다. 정보권은 우리의 꿈과 우리의 문화적 생활에 영향을 미친다. 우리의 진화하는 신경계는 미디어의 현인인 마셜 맥루언이 1960년대 초반에 예견한 것처럼 전 지구적인 포위 속으로 확장되었다." 댄 시먼스는 1989년에 출간된 SF 모험담『히페리온』에서 인터넷이 미래에 무엇이 될 수 있을지 가리키기 위해 정보권이라는 용어를 사용했다. 정보권은 (인류를 유익하게 하려고 노력하거나 인류를 해치게 하려고 노력하는 등 그 동기들이 다양한) 곤충에 해당하는 것(소규모 프로그램들)에서 신에 해당하는 것(인공지능)에 이르는 다양한 규모에서 '인공적인 삶'을 갖춘, 수십억 개의 네트워크들로 형성된 평행적인, 가상적인 장소를 의미한다. 루치아노 플로리디는 생물권에 기초해서, 모든 정보적 실체들(그래서 정보 행위자들 역시 포함하는), 그것들의 성질들, 상호작용들, 과정들 그리고 상호 관계들로 구성되는 전체 정보 환경을 나타내기 위해 이 용어를 사용했다. 정보권은 사이버 공간과 비교될 수 있는 환경이지만, (말하자면 정보권의 소지역들 중의 하나일 뿐인) 사이버 공간과는 다르다. 왜냐하면 정보권은 정보의 오프라인 및 아닐로그직인 공간들 역시 포함하기 때문이다. 플로리디에 따르면 정보권을 존재의 전체성과 같다고 생각할 수 있다. 이러한 동등화에 의해 그는 정보적 존재론으로 이끌린다.

공장』에서 다음과 같이 쓰고 있다.

> 과학기술적 맥락의 특징은 개인 두뇌의 제한된 수용 능력과
> 비교하여 전 지구적 기계 리듬의 항구적인 가속도이며, 사이
> 버 시간과 비교하여 사이버 공간의 항구적인 확대이다. 소통
> 적 맥락은 정보권이 무한히 확대하는 맥락이다. 정보권은 경
> 쟁이 의존하는, 생존이 의존하는 신호들을 포함하는 권[영역]
> 이다. 우리는 공황panic이라는 말의 그리스 어원에서 연상되
> 는 것과 매우 유사한 상황을 다루고 있지 않은가?(Berardi,
> 2001, 78쪽)

공황panic의 그리스 어근은 '존재하는 모든 것'을 의미하는
'pan'이다. 그리고 이 이름을 가진 신은 '숭고한 광기'의 전
달자로 스스로를 표현한다. 그는 자신이 만나는 사람들을
혼란에 빠뜨린다.

토마스 데이븐포트와 존 벡은 『관심의 경제학』[69]에서
사이버 공간과 사이버 시간의 이러한 갈등을 고찰했다.
신경제에서 "희소한 것은 인간의 관심이다. 전자통신

---

69. Thomas Davenport and John Beck, *The Attention Economy :
Understanding the New Currency of Business, Accenture*, 2001[토머
스 데이븐포트 · 존 벡, 『관심의 경제학』, 김병조 · 권기환 · 이동현 옮김,
21세기북스, 2006].

telecommunications 주파수의 폭이 문제가 아니다. 문제는 인간 주파수의 폭이다." 필자들에 따르면, 과학기술 혁명은 분명 정보에 대한 사회적 접근을 확대했지만, 정보 공급의 무제한적 성장은 인간의 제한된 소비와 충돌한다. 노동 시간이 늘어날수록 우리 자신 그리고 우리가 함께 일하고 함께 살아가는 사람들에게 바칠 수 있는 관심 시간이 줄어들기 때문에 인간의 소비는 한층 더 제한된다.

다시 말해 우리는 **정보의 범람**, 정보의 과잉 및 과부하의 상황에 놓여 있다. 『뉴욕타임즈』의 일요판은 15세기 독자들이 이용할 수 있는 인쇄물 총량보다 더 많은 정보를 함유하고 있다. "그 당시 문제는 읽을 수 있는 시간을 마련하는 것이 아니라, 그 시간을 채울 수 있는 충분한 읽을거리를 찾아내는 것이었다. 정보는 판매자의 시장이었으며, 책들은 말하자면 소작농보다 더 값비싼 것으로 생각되었다."

정보의 범람의 또 다른 예를 들면 ─ 매년 간행되는 책들의 숫자(전 세계적으로 30만 권)나 인터넷에서 사용할 수 있는 정보의 기하급수적인 증가(100일마다 웹 트래픽의 양이 두 배로 늘어나는, 전 세계의 20억 개의 웹 페이지), 데이터뱅크[70]의 증식

---

70. [옮긴이] 정보를 수집 · 정리 · 축적해 두었다가 필요할 때 찾아볼 수 있게 된 조직을 말한다. 정보은행이라고도 한다.

등 ─ 오늘날 평균적인 크기의 슈퍼마켓은 4만 개의 서로 다른 품목들을 갖추고 있다. 평균적인 소비자의 관심을 재화의 총공급으로 유혹하는 것이 불가능하다는 것이 분명해지면서 소비자의 관심은 말 그대로 구매된다. 1999년 미국에서 비내구재[71]의 생산자들이 마케팅에 250억 달러를 지출했다. 이것은 같은 해 슈퍼마켓 체인점들이 벌어들인 수익의 5배에 해당한다.

또 다른 예를 들어보자. 세계의 전체 인구(60억 명)가 평생 동안 계속해서 말한다 해도, 발음된 모든 단어들은 1996년과 2000년 사이에 생산된 전자통신 체계들의 잠재능력에 의해 단 몇 시간 안에 전송될 수 있을 것이다.

관심에 대한 공급과 소비의 불균형이 **정보 스트레스** infostress라 불리는 공황-우울증적 징후의 원인이다. 주의력 결핍장애ADD [72]의 치료에 사용된 리탈린[73]의 판매가 1990년에서 오늘까지 9배가 늘어났을 정도로 말이다.(Gilioli and Gilioli, 2001을 보라)

---

71. [옮긴이] 내용(耐用)기간에 따라 경제재를 분류할 때 내용기간이 비교적 단기인 재화를 가리킨다.
72. [옮긴이] 충동적인 행동, 부주의, 지나친 활동을 특징으로 하는 유아기, 아동기, 청소년기에 발생하는 장애를 가리킨다.
73. [옮긴이] 정신흥분제. 중추신경을 자극해서 정신활동을 충실하게 하는 것으로 보통의 용량으로는 호흡·맥박에 변화가 없으며 혈압에도 거의 영향을 미치지 않는다. 계속 사용 시 의존성은 나타나지 않는다.

관심[주목] 경제는 새로운 과학기술이 불러일으킨 정보 접근의 높은 성장률의 산물이다. 고객/소비자를 유지하거나 쉽게 끌어들이기 위해서는 그들의 관심을 붙잡아야 하기 때문이다. 그리고 이것은 언제나 점점 더 많은 비용이 든다. 이 비용은 생산의 단위 비용이 줄어듦에 따라 늘어난다. 신경제는 사실상 **수확체증의 법칙**에 의한 공급 중시를 특징으로 한다. 수확체증의 법칙은 원재료의 중요성이 무형 자원에 비해 감소되면서 수확체감의 법칙이 밀려난 이후에야 겨우 모습을 드러낸다. 그러나 사실, 재화와 용역을 위한 수요의 측면에서 보자면, 관심(과 관심의 배치)은 수확의 **체감**을 가져온다. 다시 말해 관심은 산업경제의 물리적인 원료를 대신한다. 그것은 **희소**하고 매우 **변질되기 쉬운 재화**이다.[74] 노벨 경제학상을 수상한 허버트 사이먼은 다음과 같이 쓰고 있다.

정보가 소비하는 것은 오히려 분명하다. 정보는 그 대상들 targets[소비자들]의 관심을 소비한다. 따라서 정보의 부는 관심의 빈곤을 창출한다.

---

74. 만약 관심이 한 방향으로 간다면 관심은 동시에 다른 방향으로 갈 수 없으며, 만약 어떤 업무를 수행하는 데 너무 많은 관심이 요구된다면 모든 주변적인 관심 단위는 감소할 것이다.

신경제의 확장 국면에서 인터넷 회사들은 웹 이용자들의 관심을 추구하는 가운데 강력한 동기를 부여받았으며, 이러한 이유로 이 회사들은 높은 수익을 찾으려 하는 벤처캐피탈의 꾸준한 흐름에 의해 재정적으로 보상을 받았다. 투기적 거품은 어떤 의미에서 불가피하다. 이것은 놀랄 만한 일이 아니다. 정보권과 전반적인 정보 공급을 실현하는 데 사회적으로 필요한 관심을 소비할 수 있는 인간의 역량 사이에는 구조적인 불균형이 존재하기 때문이다.

좀 더 면밀히 살펴보면, 이것은 명백한 역설이다. 한편으로 포스트포드주의 혁명은, '자율의 양도'와 '노동의 개인화'를 위한 경영 기법을 도입함으로써 포드주의적-테일러주의적 노동에 대한 불만을 극복하려고 노력해 왔다. 이 모든 것으로부터 도출된 것은 특히 울리히 벡[75]이 기술한 성찰적 노동이다. 그렇지만 다른 한편으로, 이러한 자율과 의무의 양도는 노동의 중요성을 전혀 낮추지 못했으며,

---

75. [옮긴이] Ulrich Beck (1944~) : 위르겐 하버마스, 앤서니 기든스 등과 함께 현대 유럽에서 가장 주목받는 사회학자이다. 독일 바이에른 및 작센 자유주 미래위원회 위원을 역임하기도 한 그는 미래위원회 위원 활동을 통해 자신의 시민노동 모델을 발전시키기 시작하면서 정치적으로 큰 인기를 끌기도 했다. 1986년 『위험사회』(홍성태 옮김, 새물결, 2006)를 통해 서구를 중심으로 추구해온 산업화와 근대화 과정이 실제로는 가공할 '위험사회'를 낳는다고 주장하고, 현대사회의 위기화 경향을 비판하는 학설을 내놓아 학계의 주목을 받았다.

그 강렬도를 조금도 경감하지 못했거나 또는 노동자들의 삶에서 그것이 차지하는 비중을 조금도 감소하지 못했다. 그와 반대로, 이러한 양도는 더 무거운 부담, 즉 통합되고 완전히 사회화된 회사 체계 속으로의 더욱 흡수력 있는 통합을 부과했다. 업무 외의 기술과 자원을 노동하도록 강제함으로써, **비생산적** 시간을 제거함으로써, 노동 세계의 포스트포드주의적 변형은 정보재의 총 공급을 흡수하는 데 필요한 관심 시간의 양을 축소해 왔다.

관심의 공급과 수요 간의 **불균형의** 위기 속에서, 경쟁이 정보의 생산 및 분배의 **독점화** 과정으로 귀결되는 것은 불가피하다. 그러나 독점이 정보재의 공급 측면에서 이루어지는 경쟁자들의 수를 줄일 수 있다 할지라도, 관심의 공급과 수요 상의 구조적 차이[분기]를 극복할 수는 없다. 이러한 차이[분기]는 인간적일 뿐만 아니라 **화폐적이다.** 만약 관심을 얻기 위해 (지적 재산권을 소유하는 것 이외에) 더욱더 많은 돈을 투자하는 게 필요하다면, 경쟁을 제거하고 나서 공급을 판매/실현하기 위해 수요 측면에서(또는 말하자면 관심의 소비의 측면에서) 시장에 제공된 정보재를 획득하기 위해 충분한 소득이 있어야만 한다면 말이다.

그러나 이러한 추가적 소득은 모두에게, 또는 적어도 대다수의 소비자들에게는 불가능한 것처럼 보인다. **관심 경제에서 소득은 늘어나기보다는 오히려 감소하는 것으로**

보이며, 노동에 바쳐진 시간의 양의 증대와 비교하여 볼 때 소득은 감소한다. 그와 달리 관심 시간이 늘어나면, 급여를 버는 데 바쳐진 시간은 불가피하게 줄어든다.

우리는 지난 1990년대의 신경제의 위기가 어떻게 정보 공급과 관심 수요 사이의 이러한 불균형에 기초하여 설명될 수 있을지를 살펴볼 것이다. 다음을 기억해 두자. 지금까지 우리가 기술해 온 것은 자본주의적 모순이다. 이 모순은 가치 형태에 내재하는 모순이다. 가치 형태는 상품임과 동시에 화폐이다. 상품은 점차 (틈새시장을 개척하는 데 필요한) 정보를 동반한다. 그리고 화폐-소득은 점차 유효 수요를 늘리지 않는 방식으로 분배된다. 1990년대의 금융화는 분명 추가적인 소득을 발생시켰지만, 그러한 추가적인 소득을 불공평하게 분배한 것 외에도, 급여와 안정적인 고용을 **파괴함으로써** 추가적인 소득을 창출했다. 안정적인 고용과 정기적인 임금 및 급여의 파괴는 노동자-소비자의 관심 결핍을 악화시키는 데 기여했으며, 그들로 하여금 재화와 용역을 소비하는 것보다 노동[일자리]를 찾는 데 더 많은 관심을 기울이도록 했다. 투자 수익의 창출을 위해 금융시장에 의해 만들어진 조건들은 사실상 노동인구에 전례 없는 불안을 가져다 준 **다운사이징, 리엔지니어링**[76], **아웃소싱, 인수합병** 등을 조장했다. 정보재 생산에 필수적인 자본은 포스트포드주의 공장에서 노동하도록 강제되는 노동인구의 자질에 대한 보수에서 사실상 공제되었다. 노동인구가 관심의 생산자일 뿐만 아니라 소비자라는 점, 그리고 그들이 급여비용 salary cost일 뿐만 아니라 소득이라는 점은 고려되지 않았다.

---

76. [옮긴이] 기업의 업무와 조직을 근본적으로 재구성하여 경영의 효율을 높이려는 경영 방법으로 인원 삭감, 권한 이양, 노동자의 재교육, 조직의 재편 등을 함축한다.

2장

새로운 경기순환

2001년 금융 위기의 연대기

상상 불가능할 것 같은 **유동성 경색**liquidity crunch에 전 지구적 시장이 직면했던 2000년 10월이 되자, 신경제의 **경기순환**을 면밀히 고찰해 볼 필요성이 분명해졌다. 유가, 중동 상황, 2000년 3월에 시작된 주가 지수의 꾸준한 하락, 수많은 닷컴 기업들의 증발, 아시아 전역의 연쇄적인 금융 실패, 유로의 약화 등 결정적인 요인들의 축적은 서로 결합하여 세계경제에 적지 않은 금융적[재정적] 어려움을 창출했던 **리스크 재평가**risk reassesment 1를 야기했다. 위기가 최고조에 이르렀을 때 수행된 『비즈니스 위크』의 최초의 분석에 따르면, 2001년 내내 경기후퇴의 위험이 점점 심화될 수 있을 것처럼 보였다. 그 이유는 아시아와 러시아의 위기와 달리, 세기말의 유동성 위기는 금융시장과 은행 양자를 동시에 강타했기 때문이다.

〈모건 스탠리〉2의 경제학자인 스티븐 로치는 경제가

---

1. [옮긴이] 임의의 시스템, 네트워크, 조직 등에서 발생할 수 있는 손실에 대비한 보안 대책에 드는 비용 효과 분석을 통해 적은 비용으로 가장 효과적인 위험 관리를 수행하는 것을 '리스크 평가'(risk assesment)라고 한다.

2. [옮긴이] Morgan Stanley(NYSE . MS) . 세계에서 가장 큰 투자은행 및 글로벌 금융 서비스 업체 중 하나다. 다양한 분야의 회사, 정부, 금융기관, 개인들을 상대로 서비스를 제공하고 있다. 모건 스탠리의 세계본사는 뉴욕 시에 자리 잡고 있으며, 런던과 홍콩에 지역본사를 두고 있다.

'정보 시대의 제1 후퇴기'로 접어들었다고 논평했다. 그는 이 시기를 지속 불가능한 투자 붐의 고전적인 사례로 기술하며, 그 과잉을 정리하는 데 다소 시간이 필요할 것이라고 덧붙였다. 미국 경제에서 재화와 용역의 과잉생산을 다룬 『비즈니스 위크』의 보도 자료(*Too Much of Everything*, 9 April 2001)는 인상적이었다. 전자통신 영역에서 오직 광섬유 네트워크의 2.5~3%만이 실제로 데이터를 전송하는 데 사용되고 있었다. 예를 들어 대만에서는 반도체 제조업자들이 70%의 생산능력으로 노동하고 있으며, 2001년 상반기 전 세계의 투자 지출은 16%나 감소되었다. 컴퓨터 분야 전체는 수요 하락으로 인해 타격을 받고 있으며 해고 통지의 숫자는 계속 올라가고 있다. 거의 모든 곳에 새로운 공장들을 세우는 호시절을 보냈던 자동차 분야에서는 수요 둔화가 휴업과 해고를 주도하고 있었다. 소매 판매와 광고는 모두 극단적인 감소를 보이고 있었다.

로치와 연방 준비 제도이사회 의장 앨런 그린스펀에 따르면, 이러한 생산 과잉은 단지 **외관상**의 생산성 상승에 기인한 것이었다. 생산성 증대는 기업 조직 효율성의 고도화보다는 (같은 수준의 투입으로 더 많은 산출을 이루어내는) **첨단기술**에 대한 투자 증대 덕분이었다. 이러한 점을 고려한다 하더라도, 1995년이 시작되면서 생산성 성장은 평균 연간 2.4%로서, 1973년에서 1990년까지의 성장률의 두 배에 이르렀다.

문제 자체는 논의의 여지가 있는데, 그 이유는 첨단기술 투자가 (2000년 초 31.4%에서 2001년 1사분기 10.7%로) 감소했음에도 불구하고, 회사들이 계속해서 투자했기 때문이다. 프라이스워터하우스쿠퍼스[3]의 조사에 따르면, 새로운 과학기술에 투자한 회사들은 2000년 내내 13.4%의 생산성 향상을 보인 반면(2000년의 4사분기에, 그리고 경기후퇴가 이미 시작된 이후에도, 생산성은 여전히 2.2% 상승하였다), 정보 과학기술에 투자하지 않은 회사들의 경우 생산성은 단지 4.9% 상승하였다.(*Fortune*, 'Buried in Tech', 2001. 4. 16자를 보라) 그러므로 이론상, 회사들의 **구매자 파업**[4]은 단지 일시적인 것으로 드러날지도 모른다.

미국 소비자들의 지출은 2001년 상반기 동안 높은 가계 부채율에도 불구하고 전혀 떨어지지 않았었지만, 실업

---

3. [옮긴이] PricewaterhouseCoopers(PwC) : 영국 런던에 있는 매출액 기준 세계 1위의 다국적 회계 감사 기업이다. 2011년 회계연도 기준 전세계 158개국에 771개의 사무실과 16만 9천명의 종업원을 고용하고 있으며, 총 매출액은 290억 달러이다. 한국의 삼일회계법인이 이 회사와 제휴 관계에 있다.

4. [옮긴이] 원자재 가격이 떨어질 것을 예상하고 구매를 미루는 현상을 가리킨다.

이 계속 상승한다면 붕괴할 위험에 처해 있었다. 그리고 하루도 빠짐없이 수천 명 이상의 노동자들이 일자리를 잃었다. 그럼에도 불구하고 실제로 2001년 상반기에는 소비 지출이 **실질적으로 2.5% 상승**하였다. 이러한 역설은 주택 가격의 상승으로 설명된다. 주택가격은 2000년 6월에서 2001년 6월까지 9% 이상이 상승했는데, 이는 지난 10년 간 최대의 상승폭이었다. 한편으로, 주식 가격 하락은 우선적으로 소비성향이 낮은 고소득 가구에 영향을 미친다. 그리고 그와 동시에 미국인들이 자신들의 연금 혜택의 감소를 알아챌 정도로 부의 효과5(주식 가격을 낮추라, 소비자 지출을 낮추라)는 대규모로 감지되지 않았다. 그러나 부의 효과는 무엇보다도 주택 부문에서 감지되었을 것이다. 모기지 재융자6 덕분에 소비 지출은 경기후퇴의 위험 요인을 완화하고 그 위험요인을 계속해서 억제할 수 있었다. 사실상 이러한 현상의 기저에는, 연방 준비 제도이사

---

5. [옮긴이] 자산가격이 상승하면 소비도 증가하는 현상. '자산효과'라고도 한다. 현재 소비가 미래 소득에 의해서도 영향을 받는다는 점에 근거를 두고 있다. 예를 들어 주가가 오를 것으로 예상되는 상황에선 미래 자산 증가를 예상해 투자가들이 소비를 늘린다는 것이다.

6. [옮긴이] 'mortgage refinancing'를 옮겼다. 조달한 자금을 상환하기 위해 다시 자금을 조달하는 일을 뜻한다. 현재의 대출금리가 기존의 대출금리보다 낮아지면 대출자는 대출이자 부담을 줄이기 위해 재융자(refinancing)를 받아 기존 대출금을 갚는다.

회의 경기 부양책들이 유발한 모기지 금리의 인하를 넘어서는, 독신자 가구 수의 증가에 의한 주택 수요 증가 같은 중요한 인구학적 요인들이 존재하고 있었다.

폴 크루그먼과 심지어 IMF에 따르면, 부시의 감세는 전혀 도움이 되지 않았을 것이다. 왜냐하면 감세는 납세자들 중에서 최고액 소득층에 집중되어 있었기 때문이었다.(감세의 약 40%가 소득 분배 규모의 상위 1%의 주머니 안으로 들어갔다). 사실 이러한 감세는 급진전되는 경기후퇴의 개시와 관련하여 볼 때 너무 늦게 취해진 조처였다.

중심-주변 모델

미국 신경제의 위기가 낳은 전 지구적 효과들에 대한 분석이 필수적이다. 이것은 국제적인 화폐 및 금융 시스템의 위기와 변형의 기원에 대해 설명해 줄 수 있는 유일한 경제적 모델을 세련되게 만들어 줄 것이다. 중심-주변 모델은 한때 선진국-후진국 또는 남-북 모델로 알려졌다. 그것을 덜 기계적으로 만든다는 의미에서 그것을 '세련되게 만들어야 한다'. 왜냐하면 오늘날 재화의 생산과 분배의 사회적 과정들에 대한 분석은 중심-주변 모델의 맹점을 밝혀주기 때문이다. 다시 말해 지배적인 국가들, 중심국들의 내적 모순들을 조명해주기 때문이다.(De Cecco, 1998을 보라) 다시 말해, 우리는 이 모델을 탈물신화시켜야 한다. 이 모델은 전 지구적인 금융 체계의 기능상의 원인과 결과 사이에 적절한 균형을 확립하는 장점을 가지고 있다. 반면에 그 체계를 순환적이고 정치적으로 비실천적인 개념으로 표현할 위험이 있기도 하다.

중심-주변 모델은 중심국 그 자체인 미국에서 출발한다. 미국은 1971년 달러의 금 태환 중지와 뒤이은 변동환율제의 확립 이후 계속해서 세계 전역의 화폐 정책에 영향을 미쳤다. 이 모델에 따르면, 중심국들은 주요 채권국이다. 그들은 자신들의 잠재적 채무국들의 조건과 관련된 유용한 정보에 기초해 수익을 창출하는 것을 당연한 목표로 삼는다. 그들은 지출하기로 결정된 막대한 양의 저축을 좌지우지한다. 따라서 은행 및 금융 시스템의 문화와 조직 면에서 중심에 더 가까이 위치한 국가들이 유리한 고지를 차지할 것이다. 반면 제국의 주변부에 위치하고, 제국에 관한 유용한 정보가 '불완전하고' 확인이 어려운 국가들은 불리한 처지에 놓일 것이다.

중심국들에서의 대출 조건credit terms이 좀 더 완화된 시기, 일반적으로 금리가 낮은 시기에, 은행들 역시 최근에 국제 금융권에 속하게 된 나라들로부터의 융자 요구를 충족시키려 노력한다. 이 나라들은 정보가 덜 정확하고 정보를 얻는 데 더 많은 비용이 들며, 미래의 융자 회수가 더 어렵다. 반면 미국의 금리가 더 높아져 중심국들에서의 대출 조건이 악화되면, 신용 철회credit withdrawal의 물결이 일어난다. 이러한 반동은 무엇보다도 정보가 부족하거나 불충분한 주변국들을 (그러나 이들 국가만이 아닌 다른 국가들을) 궁지에 몰아넣는다. 우리가 방금 기술한 이 모델에서의 결정적 요인이 중심국들의 금리 동향이라는 점에 유의해야 한다.

따라서 이 모델의 관점에서 보면, 대출 제공은 주요 선진국들의 내적 조건들에, 다시 말해 그들의 경기순환 국면에 의존한다. 예컨대 만약 연방 준비 제도이사회가 미국 경제를 진작시키거나 금융 위기를 막을 목적으로 금리를 낮춘다면, 그것의 직접적인 결과는 국제 자본이 독일이나 일본으로 이동해서 마르크(오늘날은 유로)나 엔화의 교환 가치 상승으로 이어진다는 것이다. 그래서 독일과 일본은 자국의 수출이 통화절상으로 인해 경쟁력을 잃지 않도록 하기 위해 금리를 낮추고, 그 결과 자본은 라틴아메리카나 아시아로 흘러들어간다.

이로 인해 선진국 전체의 은행들과 금융 투자가들은 보다 높은 수익을 얻기 위해 경쟁을 벌인다. 이 경쟁에서 승리할 수 있는 유일한 길은, 대부 지역의 범위를 넓히는 것이다. 그리하여 제한적 화폐 정책의 시기에 보통은 채무국 집단에서 배제된 국가들을 포함하는 것이다.

이러한 동역학은 자본의 자유로운 운동의 결과로서 지난 20년 동안 가속되었다. 이 가속화는 1980년대 미국에서 시작되었다. 이때 레이건 행정부는 저축대부조합7이 전통적인 주택 융자 외에 또 금융 투자를 하는 것을 허용했다. 그 뒤에 1990년대 초반에 들어서면 이 가속화는 국제적인 규모로 나타났다. 이때 국제통화기금IMF은 개인 저축들을 엄청난 규모로 끌어들인 기관 투자가들이 아무데나 투자하는 것을 허용했다. 전통적이면서도 더욱 안전한 재무성 중기채에서 전 세계의 증권거래소에 이르는 비은행 기관들(연금기금과 상호기금)이 관리하는 자산의 전용, 즉 가계 저축의 금융화는 인플레이션이 금리를 하락시킴에 따라 계속해서 힘을 얻어갔으며, 이로 인해 저축에 대한 은행의 매력은 점점 상실되어 갔다.

저축을 수익성이 더 높은 증권으로 돌린 데서 야기된 위기를 피하기 위해 은행들은 우선, 터무니없는 조건으로 융자를 승인함으로써 위기를 야기한 부동산 시장에 눈을 돌렸다. 그리고 이후에는 증권 시장에 눈을 돌렸다. 따라

---

7. [옮긴이] 저축대부조합(Savings & Loan Associations)은 미국에서 조합원들의 저축을 이용하여 주택저당대출을 하는 일종의 협동저축기관이다.

서 은행들은 전 지구적 관심사가 되었다. 은행들은 저축의 지역적 관리에서 손을 떼고 자산 관리에 우선권을 부여했으며, 그들의 주주를 위해 주가(주주 가치)를 올리는 데 우선권을 부여했다.

중심-주변 모델에서 지불 조건과 신용 상태가 우선적으로 중심국들에 의해 결정된다는 사실은 1997년 아시아 위기에 뒤이은 논쟁에서 열띤 논점이 되었다. 실제로 대부분의 경제학자들과 금융 중개인들은 채무국들, 즉 신용 수요credit demand의 조건들에 집중해서 위기의 원인들을 분석했다. '아시아의 기적'에 대한 담론의 시대가 저물고 곧바로 위기의 폭발이 이어지자 아시아 경제는 모든 죄(투명성의 부족, 후견주의8, 금융 메커니즘에 대한 빈약한 지식 등등)를 뒤집어썼다. 그렇지만 근본적인 것은, 1994~1995년의 멕시코 위기와 1993년의 유럽 외환위기와 마찬가지로 아시아 위기의 최초 원인을 중심국들에서 찾는 것이다. 그 까닭은 중심국들이 전 지구적 금융시장의 동역학을 결정하는 국가들이기 때문이다.

신자유주의 경제학자들은 이 위기가 본질적으로 잘못된 정보에, 그리고 국제적 자본을 투자받는 국가들에 제

---

8. [옮긴이] 어떤 정치 세력들이 서로에 대한 정치적 지지의 대가로 부패를 눈감아주고 혜택을 제공하는 것을 말한다.

약을 가하지 않은 것에 그 원인을 두고 있는 것으로 보았다. 이러한 이유로 1998년 12월 OECD와 세계무역기구 WTO 같은 조직들이 **다자간 투자 협정**의 보호 아래 해외 직접 투자의 완전한 자유화를 달성하려고 노력했지만 거대한 반대 운동으로 성공하지 못했다. 다자간 투자 협정은 일종의 목조르기 협정으로서 신흥 국가들을 어떠한 자율성도 없이 국제적인 자본 투자를 받아들이는 입장이 되도록 만들었을 것이다.

모든 화폐 위기 및 금융 위기는 나름의 특징들을 가지고 있지만, 이 모든 특징들은 새로운 금융 제국주의의 동역학에 대한 이러한 해석적 도식 안에 포함된다. 아시아 위기의 경우, 이미 생산 이윤 하락과 내부의 정치적 합의의 쇠퇴를 경험하고 있는 아시아 국가 전체의 경제 몰락에 기여한 것은, 아시아 통화와 달러 간의 고정평가제[고정환율제]였다. 이 체계는 달러가 평가 절상되고 세계무역이 교착되었을 때 무역 적자의 증대를 야기했다. 달러와의 동등성[달러 고정환율제]의 완강한 방어는 평가 절하 외에 다른 대안이 없을 때까지 아시아 중앙은행들의 금고를 빠른 속도로 텅텅 비게 만들었다.

모든 위기는 서방 국가들로의 자본 유출을 특징으로 한다. 전 지구적 금융 체계를 불안정하게 하는 단기 **자본** 운동의 역할은 이후 2년 동안 더 많이 논의되었다. 단기

자본 운동으로 인해 국제적인 정치운동(금융거래과세시 민행동연합ATTAC)이 일어났다. 이 운동의 목적은 (단기) 자본의 투기적 운동에서 실현된 이윤에 대한 세금(토빈세[9])을 도입하고, 선진국 정부들에 전 지구적인 빈곤과 싸워나갈 실질적인 조세수입을 제공하는 것이었다.

그럼에도 불구하고, 자본의 이러한 단기 변동이 '가격혁명'의 산물임을 이해하는 것이 가장 중요하다. 가격 혁명은 포스트포드주의 생산양식이 초래한, 그리고 저축의 금융화가 초래한 디스인플레이션이다. 이 두 현상들이 **연금기금 자본주의**[10]를 낳았으며, 여기에서 기관 투자가들은 지속적인 운영 수요들과 연금 소득의 지급 모두를 충족시킬 고도의 수익을 얻기 위해 자산 관리에 대한 점점 더 공격적인 해법을 채택할 수밖에 없었다. 연금기금 자본주의에서 인구의 고령화와 봉급생활자 숫자의 감소는, 분배원리(사회보장의 제1 기둥)에서 자본화 원리(제2, 제3 기

---

9. [옮긴이] 노벨 경제학상을 수상한 미국 예일대학교의 제임스 토빈(James Tobin, 1918~2002)이 1978년에 주장한 것으로, 외환·채권·파생상품·재정거래 등으로 막대한 수익을 올리고 있는 국제 투기자본의 급격한 자금유출입으로 각국의 통화가 급등락하여 통화위기가 촉발되는 것을 막기 위한 규제 방안의 하나이다.

10. [옮긴이] 연금기금 자본주의(pension fund capitalism)는 연금기금 또는 기관투자가가 기업 경영과 금융시장에 절대적인 영향을 미치는 현대 자본주의의 새로운 경향을 말한다.

둥)로의 연금 체계의 점차적인 변동을 설명하는 주요한 기여 요인들이다. 하지만 연금 소득에 대한 디스인플레이션의 효과 역시 중요하다. 연금기금의 입장에서 볼 때, 장기간의 디플레이션 이후 보조금을 지급하는 것은 **평가 절상된** 화폐로 보조금을 지출하는 것을 의미한다. 퇴직한 사람들에게 그것이 의미하는 것은 보조금을 지불받아 인플레이션으로부터 보호를 받는다 해도 금융시장에서 일어난 불길 속을 여전히 뚫고 지나가야만 한다는 것을 의미한다. 노동자 대표와 연금기금 관리자 사이의 타협, 즉 '포스트포드주의적인 사회협약'은, 더 유리하기는 하지만 또한 더 불안정한 단기 수익과 덜 유리하기는 하지만 경제성장의 사회 조건들을 덜 파괴하는 장기 수익 사이의 중간지점 어딘가에서 이루어져야 한다. 미셸 아글리에타 Michael Aglietta는 다음과 같이 쓰고 있다.

이것은 서유럽 노조들이 바라보는 미래의 전망일 수 있을 것이다. 역사적으로 보면 노조는 임금 노동자 전체의 요구들을 대표하기 위해 단일한 노동자 범주의 조합주의적 이해관계를 극복해야 하는 운명에 놓인다. 임금노동자 기금은 노조들에게 수익성 기준 profitability norms에 영향을 미치는 수단들을 제공해 줄 수 있을 것이다. 최대의 단기 수익 대신에, 그들은 회사에 대한 통제를 대가로 보장된 장기 수익률을 요구할

수 있을 것이다.(Aglietta, 2001)

전 지구적 금융의 작동에서 연금기금이 하는 역할은, 주변국들을 향해 뻗어 나가면서 지역 경제들을 파괴하고 지역 경제들이 자기결정의 원리에 따라 재구조화하지 못하도록 하는 것이다. 이것은 선진국들의 내적 모순들 중의 하나이다. 더욱이, 이 모순은 디스인플레이션이 일본 같은 국가들에서 금리를 끌어내리자 더 폭발적으로 되었다. 일본은 1999년 엔화 평가절상에 직면하여, 그리고 수출 하락으로 인한 리스크에 직면하여, 이미 바닥에 근접한 금리를 도무지 더 하락시킬 수가 없었다.

이러한 모순들 중 또 다른 것은 IMF의 정책에서 찾아볼 수 있다. 이 정책은 각 국가들의 위기가 매우 다름에도 불구하고 동일한 처방을 내리는 것을 목표로 한다. 하지만 아시아 위기의 경우, IMF의 대응은 늦었을 뿐만 아니라 비효율적인 것으로 판명되었고, 실제로 아시아 경제는 1998년과 2000년 사이에 IMF가 제시한 것과 반대되는 지역적 정책들에 의해 자력으로 가까스로 회복되었다. 금리를 낮춤으로써, 다시 말해 (케인스주의적인) 팽창적 적자 지출을 통해 아시아 국가들은 자력으로 [경제] 회복을 촉진했으며 다시 한 번 해외 투자를 유치할 수 있었다.

IMF는 지역 경제들의 고유한 특징들을 고려하지 않은

채, 모든 종류의 지역 경제들에 유효하다고 생각되는 거시 경제적 전략들을 추구한다. 반면에 주변국들은, 자기결정의 여지를 지키고자 한다면 자신들의 특수한 차이들을 활용하는 방안을 찾아야 한다. 그리고 그들은 서방 국가들이 장려한 자유화 과정의 속도를 늦춤으로써, 최소한 부분적으로라도, 방안을 찾을 수 있다. 예컨대 이러한 일이 말레이시아에서 일어났다. 말레이시아는 1998년부터 외국 자본의 유출을 엄격하게 통제해 왔다. 이러한 통제는 자본 도피를 방지하는 데는 필요하지만, 분명 일국 수준에서의 실질적인 민주적 개혁을 달성하는 데는 충분하지 않다.

오늘날의 신경제 위기의 전 지구적 효과들을 분석하면 중심-주변 모델을 갱신하는 것이 가능해진다. 첫째, 이 모델과 관련하여, 그리고 20세기 제국주의에 대한 연구 전반의 전통과 관련하여, 우리는 팽창 국면의 과정에서 그리고 신경제의 위기 과정에서, 주변국들 내부 및 외부로의 운동들 이면에 있는 추동력이 금리가 아니라 금융시장의 작동이었음에 주목해야 한다. 이것은 전 지구적 시장 위계의 기초가 되는 논리상의 변화를 나타내는 매우 중요한 차이이다. 오늘날의 전 지구적 경제의 주도적 역할은 국민-국가들이 아니라 그들의 금융시장에 의해 수행된다. 이 금융시장들은 **공적 관습**public convention의 조작작

됨〕 같은 메커니즘들에 의해 차례로 추동되며, 이러한 공적 관습들은 국민-국가의 경계 외부에서 쉽게 기능할 수 있다.

둘째, 그리고 다시 중심-주변 모델과 관련하여 볼 때, 우리는 미국의 막대한 경상수지 적자를 낳는 작용을 했던 신경제가 이번에는 어떻게 나머지 국가들 특히 유럽으로부터 미국 금융시장으로의 자본 및 저축의 유입에 의해 균형을 이루었는지 주목해야 한다. 미국의 경상수지 적자 덕분에 아시아와 라틴아메리카 국가들은 높은 수준의 수출(량)을 유지할 수 있었다. 하지만 외국 자본, 특히 유럽 자본의 유출로 인해 상승된 달러 가치는 신경제 모델에 대한 유럽의 종속을 시사했다. 더욱이, 이러한 일은 유럽이 마침내 유럽 통화, 즉 유로를 갖추었던 시기에 일어났다. 유로의 일차적인 역사적 목표는 언제나 달러와 미국 통화 정책의 영향력으로부터 유럽을 보호하는 것이었다. 자신의 특수한 대륙적이고 지역적인 특성들을 고려한 경제적·사회적 발전을 보증하기 위해서 말이다.

이 모든 것에 1999년 말과 2001년 초 사이에 1배럴에 20달러에서 30달러 이상의 변동 폭을 보인 유가油價를 더해 보라. 사람들은 2000년의 위기를 이름이 없는 최초의 석유 위기라고 말한다. 레오나르도 마우게리[11]에 따르면, 원유 가격이 변덕을 부리는 진짜 이유는 OPEC의 가격 정책에 있는 것이 아니라 미국이 필요로 하는 원유의 종류[12]에 있다.

따라서 일반적인 용어로써 석유의 수요와 공급 균형에 대해 말하는 것은 점점 더 합리적이지 못하다. 반면 특정한 시기에, 국제 시장에서 이용할 수 있는 원유가 그걸 소비해야 할 국가들이 필요로 하는 원유의 질에 부합하는지 이해하는 것이 매우 중요하다. 예컨대 2000년에 일어난 일은 명목상으로만 풍부한 원유 공급 그리고 (그와는 반대로 공급이 거의 이루어지지 않은) 매우 특별한 등급의 원유에 대한 매우 높은 수요 사이에서 일어난 하나의 단락短絡이었다.

미국이 하루에 겨우 8백만 배럴을 생산하면서도 2천만 배럴을 소비하고 있다는 것을 염두에 둔다면, 미국이 계속해서 유가 불안정성의 한 요인이 될 것임은 틀림없는 사실일 것이다. 그리고 이것은 (알래스카 같은 지역의 시추를 허용하고 핵발전소 건설을 허가함으로써) 생산자들이 힘을 되찾을 수 있도록 에너지 비상사태를 활용하려고 의

---

11. Leonardo Maugeri (1964~) : 이탈리아의 석유 및 천연가스 회사인 ENI의 고위 관리자로서 2001년에 『석유, 잘못된 신화의 이야기』를 썼다.
12. 유황분이 적은 연한 석유를 말한다. 원유의 다른 등급의 석유에 비해 공급이 제한되어 있다.

도했던 조지 부시가 어떠한 선택을 하건 마찬가지일 것이다. 결과적으로 모든 [실현] 가능한 대체 에너지 정책에 손상을 입힐 것이다.

에너지 부문의 탈규제는, 지난 20년 간 서비스 부문을 확대하고 에너지 보존에 투자함으로써 (경제성장률에 비례하여) 착실하게 에너지 소비를 줄여 왔던 경제에 1970년대의 '오래된 위험들'을 다시 초래했다. 당연히, 이 모든 것의 비용은 서구 국가들뿐만 아니라 수입 원자재에 대한 의존을 높임으로써 산업화를 달성했던 신흥 국가들의 소비자들이 지불했다. 자동차 소유자를 대상으로 한 해리스 여론 조사에 따르면, 미국에서는 [자동차 소유자의] 46%가 휘발유의 상승된 가격을 지불하기 위해 재화와 서비스의 지출을 삭감해야 했다. 그리고 이 46%의 72%가 주말여행을 줄였으며, 53%가 휴가 지출을 축소했고, 31%가 새 차 구입을 뒤로 미뤘다(이들 중 절반이 에너지 절약형 자동차를 구입하고 싶다고 말했다).

2001년 후반기에 원유 가격이 하락한 것은 미국 운전자들의 수요가 하락했기 때문이 아니라 미국 다국적기업들의 관리 하에서 이루어진 러시아의 생산으로 인해 공급이 증대되었기 때문이나. 역사상 치음으로 OPEC 카르텔은 원유의 세계 공급에 대한 권력을 상실할 위험에 처한다(그리고 이것이 푸틴의 전략상의 변화가 가진 근본적인 측면들 중의 하나이다).

2001년 하반기에 달러는 미국의 장기 위기의 결과 약세 조짐을 보여주었다. 이것은 유로에게는 이득이 되었는데 이로써 유로는 지금까지의 터무니없는 반인플레이션 통화 정책을 완화할 수 있었다. 반대로 엔화에게는 이득이 되지 않았는데, 일본의 중앙은행은 정확히 이와 동일한 시기에 금리를 낮춤으로써 내수를 진작시키려는 시도에 다시 한 번 착수했다. 분명, 동남아시아와 라틴아메리카의 여러 국가들은 (클린턴 행정부 시대와 비교하여) 이러한 새로운 약한 달러 정책으로 인한 모진 결과들을 겪었다. 독재적인 이 정책의 목적은 자본재 내수 하락을 상쇄하기 위해 미국의 수출을 촉진함으로써 금융시장들을 강화하는 것이었다.

2001년에 시작된 연방 준비 제도이사회의 반복되는 금리 인하는 금융시장의 영구적인 회복을 달성하는 데 실패했다. 미국 통화 당국의 입장에서 이것은 손쉬운 신용 정책이었다. 미국은 위기를 종식시키리라는 어떠한 희망도 꺾어버릴 수 있는 달러 급락의 위험에 처해 있었다. 달러의 평가 절하를 피하고 (1999년 이래 한 달에 300억 달러의 비율로 늘어나고 있었던) 경상수지 적자에 자금을 대기 위해, 미국 시장은 세계 전역에서 하루에 10억 달러를 끌어 모아야 했다. 그러나 전 세계의 투자가들은 자신들이 투자했던 미국의 주식들을 팔기 시작했으며, 통화의 평가 절화는 달러 가치의 급락을 수반하는 금융시장 약화라는 악순환을 낳을 위험에 빠졌다.

미국 시장에서 빠져 나가는 자본 탈출exodus의 위협은 GM과 포드 같은 거대 기업들이 발행한 채권들에 특히 위험한 것으로 간주되었다. 2001년 1월부터 5월까지 (공공 기관과 더불어) 거대 기업들은, 같은 시기에 누적된 경상 수지 적자보다 훨씬 많은 액수인 1,900억 달러 가량을 끌어 모았다.

여기에서 중요한 것이 무엇인지 더 잘 이해하기 위해서는 다음과 같은 사실을 상기하는 것이 가치가 있다. 2000년 2월 초 빌 클린턴이 조세수입에서 생기는 예산 흑자를 활용해서 전체 국가 부채를 2년 앞당겨 (2013년 말까지) 완전히 청산하기로 결정했다는 사실 말이다. 조세수입은 1998년 초 무렵 늘어나는 이윤 그리고 성장하는 고소득 계층 덕분에, 아울러 주식시장 붐에 의해 생긴 소득세 덕분에 지출보다 훨씬 많았다(미국에서 당시 자본 이득에 부과되는 세금은 평균 17%였다). 단 몇 년 안에 국가 부채를 탕감한다는 것은 시장에 제공된 국채의 양을 축소하는 것을 의미할 섯이다(이렇게 되면 장기 투자 금융을 위해 재무부가 발행한 부채 증권이 부족해질 것이다). 연금기금과 보험회사들은 자신들의 장기 매매 약정long-term commitments을 보호하기 위해 장기 채권에 자신들의 포트폴리오의 일부를 투자하기 때문에, 급속히 수가 줄어들고 있던 채권을 구입하려는 경쟁이 있었다. 이것은 채권 가격의 상승, 그리고 역으로 (장기 금리에서의) 수익의 하락을 설명해준다.

어떤 일이 일어났는가라고 하는 기술적 측면 때문에 우리의 관심이 그러한 조작operation의 정치적 실체로부터 벗어나서는 안 된다. 본질적으로 말해, 우리가 다루고 있는 것은 '텅 빈 재원', 즉 '가난한 국가'라는 신자유주의 정책의 연속continuation이다. 그것은 복지 국가를 공고히 하기 위해서가 아니라 소득세를 줄여주기 위해, 아니면 이 경우에는 수십 년 동안 누적된 공공 부채를 청산하기 위해 잉여 수입을 이용하는 것이다. 다시 말해, 국가의 텅 빈 재원은 훈육[규율] 장치로 기능한다. 부채가 있는 한, 재원이 텅 비어 있는 한, 새로운 지출은 없으며, 오직 사회 [보장] 프로그램의 삭감만이 있기 때문이다. 반反부채 극단론에 확고부동한 지지를 보내는 『이코노미스트』조차 클린턴의 결정에 대해 논평하면서, 조립라인이 붕괴되어 기업이 가동되지 않는다면 기업의 부채를 없애는 것이 무슨 의미가 있는지 의아해했다. 부채를 탕감하기 위해 교육, 대중교통, 그리고 연구를 위한 지출을 없애야 한다면 부채 탕감의 핵심은 무엇인가?(투자가 이루어지지 않는다면 경제성장 자체가 위태로워진다.)

우리는 50년 전 미국 철도 채권이 벤치마크benchmark, 즉 투자가들을 위한 참고 지표로 기능했다는 점을 상기하는 것으로써 이 물음에 답하기 시작할 수 있다. 이것은 케인스주의적 복지국가의 혁명 이래 장기 국채(30년 어음)가 금리 동향의 지표들로 기능했었던 것과 똑같다.

공채의 탕감을 위한 기간을 단축하려는 결정의 바탕에 깔려 있는 것은, 시장 지표의 전략적 역할을 하는 데 있어서 국채를 사적 채권으로 대체하려는 미국의 욕망이었다. 1999년에 이미, 재무부 중장기국채treasury note는 870억 달러로 줄어들고 있었던 반면, 거대 기업들의 장기 채권의 양은 4,610억 달러로 늘어나고 있었다. 그러나 계획보다 훨씬 빠르게 공공 부채를 줄임으로써 미국 정부는 2000년 초 공공 부채의 벤치마크 역할을 훼손하고 전 세계에 가장 강력한 미국 기업들의 장기 부채를 세계의 나머지 지역들에 부담 지우려는 자신의 의도를 드러냈다.

달러의 통제되지 않는 평가 절하는 미국 국채로부터 자본이 탈출하는 원인이자 결과였다. 따라서 이러한 평가 절하는 전 지구적 시장들의 벤치마크 지표들의 사유화 전략을 무너뜨릴 조짐을 보여주었다. 신경제의 위기와 함께 신자유주의 세계화 정책들의 미래는 진정 누구라도 예감할 수 있었다.

유로의 강세에도 불구하고, 유럽은 경제회복의 역할을 맡고 있는, 또는 동남아시아 국가들의 경기 후퇴의 수입자 역할을 맡고 있는 미국을 대체할 수 없었다. 미국 신경제의 위기는 사실상 새로운 유럽 (특히 독일의) 금융시장들(첨단 기술주 시장들)을 대단히 위축시켰으며, 유럽에서 미국식 신경제 모델과 (1990년대 신경제를 출현시켰던) 전 지구적 조건들을 **복제하는** 것을 불가능하게 만들었다.

1993년 마스트리히트 조약[13]을 계획하고 (1999년까지 마르크를 유로로 대체하기 위한 합의 조건으로서) 그 협약을 유럽연합의 회원 국가들에게 부과했던 독일이 이제 그 협정의 제한적이고 강제적인 조항들을 누그러뜨릴 필요를 느낀 것은 우연이 아니다. 한동안 계속될 것처럼 보이는 위기 속에서, (유럽연합의 GDP의 30%를 생산했고 따라서 신경제의 위기로 가장 크게 타격을 받았던) 독일의 목표는 공공 지출 상한제public spending caps를 수립하는 것, 그리고 단지 국가 재정 영역에서만 경제 진작을 위해

---

13. [옮긴이] 마스트리히트 조약은 1992년 2월 7일 네덜란드 마스트리히트에서 유럽 공동체 가입국이 서명하고 1993년 11월 1일부터 발효한 조약으로 유럽연합의 기초가 되는 조약이다. 이 조약은 유로화폐의 도입을 이끌었고, 유럽연합의 세 가지 중심구조(경제, 군사, 사법 공동체)의 기초 위에 이것을 더 확대해 조약으로 만들었다.

조치를 취하는 것(경기후퇴 시기에는 감세 축소, 소득 증대 시기에는 감세 증대), 그래서 더 큰 사회적 곤궁(실업, 빈곤 등등) 시기에 공공 지출이 감소되는 것을 피하는 것이었다. 이러한 아이디어는 분명, 독일뿐만 아니라 프랑스, 이탈리아, 오스트리아, 포르투갈 같은 국가들(이미 2001년에 더 이상 마스트리히트 협정의 조항들을 준수할 수 없었던 모든 국가들)의 요구들에 대응하는 것이었지만, 재정 정책에 관한 한 회원 국가들의 완전한 재량에 맡김으로써, 협정의 바로 그 목적들을 좌절시키는 것으로 끝났다. 달리 말해, 신경제의 위기는 또한 유럽 통일의 위기였다. 그것은 유럽 통일이 유럽중앙은행이 취한 제한적인 사회 [보장] 정책들과 제한적인 통화 정책들을 통해 1990년대 전반에 걸쳐 추구되었기 때문이다.

신경제 주기의 이 국면에서 인상적인 것은 그것이 완전히 동시 다발적으로 일어난 최초의 국제적 위기였다는 점이다(미국과 마찬가지로 유럽, 라틴아메리카, 아시아 등의 모든 국가들의 경제적 지표들은 부정적이었다). 그러나 훨씬 더 걱정스러운 것은 위기의 속도와 폭이며 이것은 일련의 구조적 요인들로부터 유래되었다.

첫째, 세계무역은 세세 경제 생산량의 25%를 나타내기에 이르렀으며, 이는 1970년대의 두 배였다. 이 무역의 대부분은 미국과 관계되어 있었는데, 2000년 미국으로의 수출은 멕시코 경제의 25%, 캐나다 경제의 32%, 그리고 일본을 제외한 아시아 생산의 40%로 보고되었다. 강한 달러와 나머지 국가들의 경제적 취약성의 결합으로 미국의 재화 및 서비스의 수출은 약 5내지 10%로 하락했으며, 그래서 미국이 현재의 위기를 극복하기 위해서 필요하다고 생각되는 3% 성장을 달성하고자 하는 모든 희망들이 좌절되었다.

둘째, 금융과 투자의 세계화, 말하자면 동일한 투자가들과 동일한 전 지구적 은행들이 세계의 모든 금융시장들에서 평등하게 작동한다는 사실은 지구의 한 쪽 구석에서 일어나는 일이 다른 곳에서 즉각적인 결과들을 낳는다는 것을 의미한다. 예를 들어 1980년에 이미, 일본의 부동산과 주식시장의 투기적 거품[버블]은 미국에 즉각적인 충격을 가했다. 1990년대 전반에 걸쳐, 나스닥의 휘발성은 유럽과 아시아의 휘발성이라는 대칭적인 물결들을 일으켰다. 2001년에, 아르헨티나의 경기후퇴는 브라질, 멕시코, 남아프리카에서 금리를 높이고 있었으며, 그러한 국가들에서의 성장 전망을 수포로 만들고 있었다.

마지막으로, 최근 다국적기업들의 성장은 전 지구적 경제의 **연계성**connectivity을 강화했다. 하나의 다국적기업이 좋은 결과를 성취해내면, 그것은 **모든 곳** ─ 심지어 실적이 안 좋은 지역과 생산라인에서조차도 ─ 의 투자와 고용을 증대하는 경향이 있다. 그리고 그 반대의 경우에도 똑같이 사실이다. 하나의 다국적기업이 몇몇 부분에서의 나쁜 실적에 봉착해 있다고 느끼기 시작할 때, 그와 동시에 모든 전선에서 철수하는 경향이 나타난다.

이러한 중심-주변 모델의 '경신'updates에 의거하여 우리는 [다음과 같이] 부분적이긴 하지만 최초의 결론을 제시할 수 있다. 신경제는, 금융화에 의해서건 첨단기술 부문의 폭발에 의해서건, 세계의 금융-화폐 회로를 변경했다. 그 결과 중심국들, 특히 미국은 과거의 제국주의 모델에서 자신들의 내적 모순들을 주변국으로 수출함으로써 국내의 경기순환을 조절할 수 있도록 해주었던 (통화 정책에서 그리고 재화의 흐름을 결정하는 데에서) 상대적인 결정 자율성을 상실했다.

안또니오 네그리와 마이클 하트의 테제를 상기해 보면, 신경제는 십중팔구 20세기 제국주의의 위기와 제국의 도래를 의미한다. 제국은 비주체의 세계체제, 비국가, 무장소, (자본의 전 지구적 회로에 외부적인) 모든 잔여적인 외부적 장소들을 흡수하여 자신의 내적 모순들을 경제 회로 외부로 내보내는 바로 그 가능성을 자신에게서 박탈하는 머리 없는 체세이다.

사실 세계화는 세계시장의 구성 속에서 모습을 드러냈다. 맑스는 이것을 자본의 가장 위대한 역사적 임무라고 규정했다. 이것이 세계시장의 역사적 발전의 내부에서, 즉 '자본주의적 생산의 전제조건이자 결과'인 세계적 규모에서의 노동력 착취의 발생 내부에서 일어나는 세계화의 **연속성**continuity의 요소이다. 이 역사적 궤적 속에서, 해외무역과 전 지구적 화폐의 성장은 **사회관계로서의** 자본의 세계화에 기여한다. 이러한 사회관계는 국제적 노동 분업 속에 그리고 국민국가들 간의 위계적 관계들 속에 절합되어 있다.

세계화의 현재 국면은 정보 흐름의 강화, 산업적 탈지역화dislocation와 집중, 재화와 서비스 시장의 국제화('지구촌'), 축적 과정의 금융화(주식시장의 증대), 복지국가의 해체, 여러 경제 대국들의 특별한 영향력에 대한 재규정 같은 수많은 요인들에 기초하는 전체적인 재구성[과정]을 겪고 있는 세계시장에 의해 특징지어진다. 자본주의적 생산관계들의 이러한 세계화 과정 속에서, 노동의 기술적 분업은 노동력의 재생산 비용보다 훨씬 빨리 공간 속에 집중된다. 그 결과 임금 격차는 '중앙 집중 없는 집중화'의 이름으로, 즉 중심국들의 기업들에 의해 통제되고 통합되는 유연한 탈중심화의 이름으로, 기업들의 망이 초국적 규모로 구축되는 것을 위해 활용된다.(Harrison, 1999)

세계경제는 단지 국가-간inter-national 경제였던 적이 없다. 국가 간 경제는 강력하게 외부를 지향하지만 그 주요

실체는 국민경제이다. 국제적인 화폐 및 금융 체제에 의해 정해지는 비대칭적 관계의 결정은 언제나, 금 본위제 시대에조차도, 국제적인 경제성장의 전 지구적인 요소에 해당했다.(De Cecco, 1998; Strange, 1999; Krugman, 2001) 순수한 세계경제 모델과 달리, 완전히 세계화된 경제가 발전할 수 있으리라고 상상하는 것은 불가능하다. 지역경제들의 사회적 뿌리들과 관련하여 완전히 자율적인 과정들 및 거래들에 의해 개별 국민경제들이 체제 내부에 종속되고 다시 절합될 세계체제world-system는 상상할 수 없다. 세계화 속에서, 부의 생산 및 분배의 지역적(메트로폴리스적)이고 지방적인 결정은 전 지구적 경제 내부의 국가-간 차원을 유지하며 심지어 모순적으로 강화하기조차 한다.(Sassen, 1998)

세계경제 발전의 국가-간 차원과 전 지구적 지위vocation 간의 혼성混成은 허스트와 톰슨(Hirst and Thompson, 1997) 같은 학자들의 진화론적 분석이 제시한 역설적인 결과들을 설명해준다. 그들에 따르면, 세계경제는 1870~1914년 동안 비교적 보다 '전 지구적'이었으며(직접적인 해외투자를 위한 자본의 보다 대규모적인 운동과 보다 대규모적인 이주 흐름), 1980년대와 1990년대에 더욱 '국가-간적'이었다(다국적기업들이 속한 모국들로의 생산과 물류의 더 대규모적인 집중).

세계화에 대한 이러한 '연속론적'continuist 해석들의 장점은 제도적 관리를 강화하고 세계경제의 국가-간 규제를 강화하자는 그들의 제안들에 있는 것이 아니다. 이 보다는 **생산양식상**의 변화들과 노동 본성의 변형들에 초점을 맞추지 않는 세계화 분석들이 [결국] 난국에 이르게 될 수밖에 없다는 그들의 설명에 있다. 다음의 것들은 세계시장의 창출이라는 역사적 과정의 **불연속성** 요인의 확인을 목표로 하는 세계화 해석들(Sennett, 1999; Bauman, 1999)이다. 즉, **선진국** 사람들, 게다가 가난한 나라들과 개발도상국 사람들의 생활에 미친 세계화의 결과들, 노동자들의 저축(연금수당)의 관점에서 자본 운동과 새로운 금융자본에 대한, 그리고 **가계의 금융화**에 대한 상술(Aglietta, 1995), 그리고 국제화 시대의 조직화된 폭력의 새로운 형태들에 대한 분석들(Kaldor, 1999)이 여기에 해당된다. 포스트포드주의 성장 모델에 따르면, 재화의 순환이라는 측면은 자본의 생산 및 증대에 직접적으로 종속되며, 이번에는 이것이 **삶정치적**인 맥락 속에서 지구적 규모로 노동력의 통제, 규제, 재생산 양식들을 규정한다.(Hardt and Negri, 2000을 보라)

경기순환의 상대적으로 자율적인 통화 규제의 위축, 중앙은행 정책들의, 그리고 최우선으로 연방 준비 제도이 사회 정책들의 주식시장의 동역학에 대한 종속, 그리고 연금수당의 규제 등은 유통을 사회적 부의 생산 속으로 직접적으로 포섭하는 것의 또 다른 일면이다. 복지국가의 부채 증권으로부터 주식시장의 주식 및 채권으로 연금기금과 집단적인 저축collective savings이 전환되는 것은 부富의 포스트포드주의적인 생산의 탐욕적 본성을 실현한다. 그것은 저축과 투자의 케인스주의적인 분리를 중지함으로써 노화 자체를 '노동하도록 강제하는 것'이다.

포스트포드주의적 노동의 **언어적 본성**과 기술적·생산적 과정들의 **가상화**(생산의 디지털화, 정보 흐름들의 가속화, 그리고 생산물과 재화의 서비스 차원들의 중첩)는 세계적 규모의 부의 생산이라는 틀 내에서 일어나는 급진적인 변화에 조응한다. 이러한 시각에서 볼 때, 세계화는 제국주의의 고전적인 동역학으로부터 **제국** 논리로의 이행으로 규정될 수 있다. 제국으로서의 세계화는 유통[순환]을 생산으로 포섭하는 세계적인 조직화, 즉 전 지구적인 공장 안에서 노동력[노동자]의 **삶**을 '노동하도록 강제하는 것'이다. 이러한 실질적 포섭으로의 화폐적 선회monetary twist는 **디스인플레이션**, 즉 인플레이션 없는 성장, 사회적 부의 구조적 과잉 생산이다. 경기순환을 규제하기 위한 노력 속에서 이루어지는 **교묘한** 금리 조작은 전 지구적인 금융체계의 불안전성을 악화시키지 않고서는 더 이상 운영되지 않는다. 제국의 세계화 속에서 금융 위기는 **억제되지만**,

이것이 지역 주민들에 미치는 그 위기의 효과들이 갖는 중대성을 제거하지는 못한다. 세계화는, 비인플레이션적 성장의 화폐적 효과들(금리의 점진적 하락의 결과인 은행 거래의 탈중개화[14])을 상쇄할 정도로 충분히 높은 수익률을 추구하면서, 역사적 제국주의의 특징을 이루는 재화와 자본의 수출에 집단적인 저축의 수출을 추가한다. 이러한 과정에서, 전 지구적인 금융 및 화폐 불안정성은 자본의 단기적인 운동들에 의해 결정된다. 이 운동들은 투기 **자체**에 점점 더 쓸모가 없어지지만, 점점 더 중심국 주민들의 노화율과 생활 주기에 의해 결정된다. 실물경제의 포섭이 증대됨에 따라 제국 주변국들에 대한 중심국들의 인구학적 압력은 증가한다.

제국주의에서 제국으로의 이행은 국제적인 노동 분업의 안전성 그리고 중심과 주변의 비대칭성들을 위협한다. 이것은 자본의 세계적인 흐름들과 부의 불평등한 재분배가 전 지구적인 노동력[노동자]의 **신체로부터의**, 그 다수성multiplicity으로부터의 저항에 직면하기 때문이다. 제국이 기능하기 위해서는, 제국은 **블러 공동체들**blur communities, 즉 [경계개] **불분명한 공동체들**을 낳는 (민족적, 종교적, 문화

---

14. [옮긴이] 정부의 금리 규제에 따라 은행에 대한 예금과 함께 은행의 대출과 유가증권 보유 등 전반적인 금융 중개의 규모가 축소되는 현상을 말한다.

적) 다양성을 제거하는 것 같은 방식으로 노동인구[노동재]의 재생산에 대한 통제를 행사해야 한다. 제국적 세계화에 특유한 금융 논리는 국민-국가들의 경제정책들에 영향을 미침과 동시에 전 지구적인 노동인구[노동재]의 신체를 **분열시킨다**balkanizes.

발칸 지역에서의 '인도주의적 전쟁'의 전형성은 이 전쟁이 전 지구적인 금융 정책들과 발칸 지역 노동인구의 다양한 신체의 폭발 사이의 모순을 민족 분쟁의 형태로 조명했다는 점에 있다. 전 지구적인 금융 정책들은 1980년대 초반에 시작된, 높은 실업률과 빈곤을 낳음으로써 구舊 유고슬라비아의 제도적인 틀을 점진적으로 해체하는 것으로 귀결되었던, IMF와 국제적인 금융계에 의해 취해진 조처였다. NATO 개입의 인도주의적 본성은 노동인구 신체의 중심성, 즉 세계화의 제국적 시대의 모든 차원들 속에서 노동인구의 **신체를 보살피는** 것의 중심성, 축적 과정들의 초국적인 결정과 집단적인 신체의 존재론 사이의 해결되지 않는 갈등, 그 신체의 환원 불가능한 다수성을 드러냈다.(Harbermas, 1999) 세계화의 제국 속에서, 인권은 제국의 비물질적인 요소들 중 하나, 즉 생산물들 중의 서비스 부분과 유사하다. 차이점은 생산물에서 비물질적인 요소가 호혜의 관계를 규정하는 반면, 인권의 경우 비물질적인 요소가 인권을 신체 없는 개념들, 즉 언어적 행위들로 규정한다는 것이다. 이 행위들은 호혜의 **용해적**^{dissolving} 유대들에 의해, 인간 신체의 집단적 본성을 분열시키는 것에 의해 실현된다.

만델 주기

1990년대 미국 경제의 선순환에서 벗어나 전 세계 경제에 파괴적인 결과들을 동반하는 **인터넷 불황**으로 옮겨가는 위험요인은 대부분 경기순환의 **정치적** 관리에 의존했다. 이것은 신경제에 대해 가장 확신을 가졌던 이론가들 중 한 사람인 마이클 만델의 테제였다. 만델은『다가오는 인터넷 불황』에서 신경제가 확장과 수축의 회귀적[재발성의] 운동을 통과하려 하고 있다고 주장했다.(Michael Mandel, 2000)

> 불행하게도, 나쁜 정책적 실수를 저지를 확률은 안심을 하기에는 너무 높다. [통화 당국에 의한 주기 관리의] 잘못들을 더욱 가능한 일로 만들고 있는, 신경제의 본성에 대해서 아직광범한 논쟁이 존재한다.

만델에 의하면, 주기의 전환점은 **첨단기술**에 대한 투자의 하락으로 인한 생산성 축소에 의해 유발되는 인플레이션의 재발에 대한 연방 준비 제도이사회의 대응에 달려 있다. 이 테제는 우리가 막 살펴본 것처럼 논쟁적이지만, 주기와 위기의 동역학과 관련하여 몇 가지 새로운 요소들을 포함하기 있기 때문에 주목할 만한 가치가 있다.

만델의 관점에서 보면, 확장 곡선이 경기 후퇴로 역전되는 것은 가능하다. 신경제는 오직 정보 혁명 그리고 그것이 주기에 미치는 불안정 효과들에만 기인하는 것으로 볼 수 없기 때문이다. 재화와 서비스의 생산 및 분배 사슬의 컴퓨터화는 분명, 재고 모니터링을 개선하고, 그리하여 유효수요와 관련하여 생산 과잉을 피하는 데 기여해 왔다. 다른 한편 점증하는 생산성과 격렬한 경쟁의 조합은 인플레이션에 대한 통제를 유지하는 것에 도움을 주었고, 연방 준비 제도이사회가 금리를 꼭 지나치게 높이지 않고도 성장을 계속하는 것을 보장하도록 해주었다.

문제는 신경제가 과학기술 혁명 이상이라는 것이다. 신경제는 또한 금융 혁명이기도 하다. 그리고 이것은 그 주기의 논리를 케인스주의-포드주의적인 경제 주기와 비교하여 급진적으로 바꾸는 것이다. 확실히, 구경제에서조차 확장 국면의 종결은 사업에 대한 신용의 수도꼭지를 잠그는 것을 특징으로 했으며, 이는 점차로 주기가 완전 고용을 향해 움직임에 따라 발생했다. 소비자 지출이 둔화되고, 이에 따라 은행 시스템에 대한 회사들의 부채 상환이 그에 따라 둔화될 때, 투자가들은 과잉생산의 위기가 갖는 위험을 깨달을 수 있었다.

그러나 신경제에서, 채권자들이 실물경제로부터 철수함에 따라 경기후퇴 국면으로 귀결되는 **리스크 재평가**는 변화를 겪었는데, 이것은 **벤처캐피탈**이 수행하는 점증적인 핵심적 역할 덕분이었다. 1990년대 벤처 자본가들은 인터넷 **닷컴** 회사들을 낳았던, 그리고 뒤이어 전체 경제로 확산되었던 구조조정 과정들을 낳았던 혁신에 재무레버리지15를 제공했다. 과학기술이 신경제의 엔진이라면 금융finance은 연료이다. 금융은 주가변동에 매우 민감하며, 주가변동은 시장, 특히 기술 시장으로부터의 금융 철수의 위험요인을 높인다. 따라서 과학기술에 대한 투자로 인한 생산성 증대 덕에 [산업] 전반의 성장을 추동했던 분야는 불경기를 맞이한다. 이것이 정확히 2000~2001년 동안에 일어났던 일이다.

벤처캐피탈이 끝없이 성장하도록 해주었던 과학기술적 혁신을 금융화하기 위한 메커니즘들은, 우리의 논의 첫머리에서 언급했던 추가 설명과 함께 **일반지성**이라는 맑

---

15. [옮긴이] 기업이 타인자본, 즉 부채를 보유함으로써 금융비용을 부담하는 것을 재무 레버리지라고 한다.

스의 개념에 의해 설명될 수 있다(1988년에 미국 벤처캐피탈의 총액은 50억 달러였고, 2000년에는 1천억 달러로 상승하였는데, 이는 연구개발에 투자된 총자본의 약 40%에 해당하는 것이었다). 이 용어[일반지성]는 과학적 지식이라는 생산력의 발전에 의해 역사적으로 결정되는 광범한 지식에 적용되지만, 맑스가 『그룬트리세』에 썼던 것과는 차이가 있다. 그것은 이 지식이 더 이상 고정자본, 기계에 결정화結晶化되지 않고 오직 산 노동에 의해서만 발달한다는 것이다.

일반지성의 기업가적 활용은 소통을 조립라인으로 변형시키고, 속도 및 생산적·분배적 상호연계를 상품들로 바꾸는 데 있다. 살아 있는 과학적 지식의 형태, 즉 일반지성을 전유專有하여 기업가적으로 활용하기 위해서는 기초적인 연구라는 고전적인 채널들의 외부로부터, 즉 거대 기업들, 정부 기관들, 대학들의 연구개발 프로그램들 외부로부터 재정 지원을 받아야 한다. 오늘날 벤처캐피탈의 1달러는 연구 개발에 소비된 1달러가 하는 것보다 3배나 5배 많은 특허나 면허들을 촉진한다.

금융화에 접근하기 위해 기계들 및 특수한 하부구조들에 자신을 고정시키지 않고 혁신을 낳는 산 노동의 능력은 우리로 하여금 투자하기 위해 아이디어를 찾아나서는 인상적인 자본 증가를 이해할 수 있도록 해 줌과 동시에 일반지성을 금융화하는 이 특별한 방식의 불안정한 본성도 이해할 수 있도록 해 준다(하부구조에 비용이 많이 드는 투자에는 점점 더 적은 자본이 흡수된다. 운송을 제외하고 비용절감 과학기술들에 대한 투자는 설비에 대한 전체 지출의 63%에 해당한다).

일반지성에 특유한 혁신의 확산과 그 분배 속도는 **벤처자본가들**의 범주를 특징짓는 단기 이윤 추구에 상응한다. 새로운 혁신 기업들과 벤처캐피탈에 대한 그들의 융자가 결합됨으로써 자동차 산업에서 전기통신과 의료에 이르는, 부동산에서 공공 서비스까지, 또한 유통망distribution chains에서 하나의 소매대리점까지, 모든 경제 부문의 구조조정 혁신의 확산이 가속화한다. 첨단 기술주株의 폭발을 하나의 단순한 투기적 거품으로 간주하는 것은 잘못이다. 설령 투기적 요소가 분명 전 세계 저축의 이러한 주식으로의 대규모적인 전환에 기여하고, 혁신들을 생산 및 분배 체계들에 정상적으로 적용하는 것을 전복시켰다 하더라도 말이다.

그들이 유형有形의 물리적 자본을 결여하고 미래 판매에 의존하는 것은 가상적인 **닷컴** 기업들을 **주가수익률**price/earnings ratio과 같은 포드주의적 지표들에 의거하여 평가하는 것을 특히 어렵게 만든다. 이러한 지표들은 축적의 역사적인 규칙적 패턴들을 기초로 실험적으로 구축된 것이다.

정보 제품들이 일단 시장에 나오면, 그것들은 무형적이라는 바로 그 이유로 비용 없이 재생산된다. 해적 행위와 복제의 속도는 저작권 보호에도 불구하고 언제나 새로운 제품들의 급속한 확산을 보장한다. 그것들의 실재적인 경제적 이익은 그러한 제품들을 대량으로 사용하는 것에 있으며, 이것은 잠재적인 소비자들 편에서의 일정 수준의 개시/가입initiation을 필요로 한다. 18세기 말 최초의 공공 도서관들의 사례는 이 외관상의 역설적인 현상을 이해하는 데 도움을 준다. 최초의 공공 도서관들이 문을 열었을 때 도서 출판인들은 처음에는 이것이 자신들의 이윤에 심각한 위협이 될 것이라고 생각했다. 그러나 이후 [사람들이] 독서에 자유롭게 접근하게 되면서 출판인들의 도서 판매 대상인 초기 독자/소비자를 훨씬 뛰어넘는 출판 시장의 대중화가 이루어졌다. 이것은 그들이 생산 비용에 의거하여 독점을 행사했기 때문이다. 우리는 독자들에 대한 독점적 통제가 더 이상 생산 비용과 판매가 아닌 분배에 대한 통제, 즉 지식 일반에 대한 접근의 조직을 기초로 하여 이루어진다는 것을 알고 있다.

낡은 기업들과 새로운 기업들의 효율성을 평가하는 기준들 사이의 긴장, 유형의 자본을 갖고 있는 기업들과 그렇지 않은 기업들 사이의 긴장은 시장창출에 필요한 시간의 차이, 즉 **상품화를** 위해 소비자를 창출하는 데 필요한 제품 보급의 시간과 관련된다. 새로운 기업들을 위한 평가 모델들을 말 그대로 폭발시키는 것은 바로 이 시간이다. 이 시간은, 닷컴 회사들이 유형의 이윤을 만드는 법을 알고 있다는 것을 드러내지 않는다면, 몇 년이 지나지 않아 시장으로 하여금 닷컴 회사들을 평가절하 하도록 강제한다.

심지어 오늘날 나스닥에 상장된 주식들의 주가 하락에도 불구하고, 가장 중요한 닷컴 회사들은 자신들의 현재 주가를 정당화하기 위해 수년에 걸쳐 엄청나게 높은 평균 이윤을 실현해야 했을 것이다. 구舊경제와 신경제의 통약 불가능성은 케인스주의 시대보다 훨씬 더 금융시장들을 자기지시적으로 만든다. 이미 살펴보았듯이, 시장들은 개별 투자가 무엇을 믿는가가 아니라 다른 사람들이 믿는 것에 대해 그가 무엇을 믿는가가 중요해지는 주체적 행위의 영역들이다. 시장들은 경제적 합리성이 소문, 수다, 여론 등의 작동 속에서 모습을 드러내는 장소이다. 금융 세계에서 "인지적 활동은 일반성을 향해, 공통의 참조점들을 향해, 말하자면 과거의 케인스주의적 관습을 향해 맞추어진다."(Orléan, 1999, 79쪽)

사회의 금융화는 이제, 우리 모두가 '소액주주들'이 되어가고 있는 현상을 나타내기 위해 '소유 개인주의'ownership individualism라는 문구를 만들어내는 정도에 이르렀다. 이것은 부재하면서도 존재하는 것을 설명하기 위해 맑스가 언급했던 **사회적으로 필요한 외양들**socially necessary appearances 중하나이다.16 1990년대 후반 디지털화된 사회라는 생각이 생활양식 및 노동양식에 대한 개방 효과liberating effects와 더불어 사회적으로 공유된 관습이 되었다고 주장하는 것은 정당하다. 그것이 사실이건 거짓이건, 이 관습이 변형의 실재적 과정들을 위한 기동력이었음은 의심의 여지가 없다.

이러한 조건들 속에서, 위기는 신경제 기업들에 대한 **시장의 규제적 권력**을 평가하는 유일하게 실제적인 길이다. 위기는 투자가들로 하여금 과학기술 혁신과 시장 혁신이라는 슘페터주의적 구분에 의거해서 자본을 재정향하도록 강제한다. 위기는 디지털 **과잉생산**의 실존을 드러낸다. 혁신들을 흡수할 수 있는 시장의 능력과 관련된 혁신들의 과잉, 시장의 유효수요에 대한 혁신들의 과잉이 존재한다. 그것은 확장 국면에 이미 잠재해 있는 디지털 재화의 과도한 공급, 즉 '디지털 풍요豐饒'이다. 그러나 경기후퇴는, 즉각적으로 이윤으로 변형되지 않는 모든 혁신적 자본을 평가 절하함으로써 이러한 디지털 풍요를 시장화하는 책

---

16. 맑스는 당시 **급여**를 이러한 사회적으로 필요한 외양들 중 하나로 지목했다.

임을 맡아왔다.(Schrage, 2000을 보라)

만델은 신경제의 주기에 대한 자신의 이론에서, 인플레이션을 위기의 출발점으로 정립한다. 첨단기술에 대한 투자가 하락하면 물가가 상승하고, 벤처캐피털 융자가 고갈되고 경제는 둔화된다. 이것은 만델의 주기 이론에서 가장 취약한 부분이다.

첨단[산업] 순환의 하향 변동이 계속되면서 경제는 역설적으로 인플레이션 경향을 훨씬 더 많이 띠게 된다. 생산 성장이 둔화되고 투자가 하락하면, 회사들이 물가를 상승시키지 않고 임금 증가액을 흡수하는 것은 더욱 어려워질 것이다. 그리고 거대 회사들은 신설 기업들과의 경쟁을 덜 두려워할 것이기 때문에 자신들을 억제할 이유가 점점 더 없어질 것이다. 이것은 경기침체가 특히 경기하락의 초기에 거대 기업들의 가격 결정력의 증대를 가져오기 쉽다는 것을 암시한다.(Mandel, 58쪽)

만델에 따르면, 경쟁의 하락은 차치하고, 인플레이션의 귀환은 아마도 혁신의 둔화에 의해 야기될 것이다.

1990년대 후반기, 소프트웨어와 정보 과학기술 장비의 급속한 가격 하락은 (GDP 디플레이터[17]로 조정한) 인플레이션 비율을 약 50% 포인트 감축했다. 혁신 속도가 둔화됨에 따라 첨단기술 물가는 더 느린 속도로 떨어질 것으로 보인다. 그것은 인플레이션 그 자체에 상당한 영향을 미칠 것이다."(같은 책, 59쪽)

아울러, 경쟁 회사들과의 경쟁 하락과 혁신 속도의 둔화는 거대 회사들이, 생산성 감소로 인한 이윤 하락과 싸우기 위해 물가를 올리는 것을 용인한다. 연방 준비 제도 이사회는 인플레이션을 두려워하면서 금리를 올리고, 따라서 첨단기술에 대한 추가적인 투자 중단을 통해 경기후퇴 국면을 악화시킨다.

자본재를 위한 수요의 감소가 인플레이션 위협을 감소시킨다는 사실은 차치하고, 만델의 이론이 논쟁적인 까닭은 이 이론이 생산성에서의 변이들(긍정적이든 부정적이든)을 본질적으로 새로운 과학기술들의 응용이라는 관점에서 고찰하기 때문이다. 다시 말해, 이 이론은, 생산과 분배의 주기를 재조직하는 것([예컨대] 적시관리just in time, 즉 10년 전 세 배였던 것과 비교해 오늘날 두 배의 비용으로

---

17. [옮긴이] 일정 기간의 경세현상을 분석하는 경우 그 기간의 기격변동을 무시할 때는 분석에 왜곡이 생긴다. 따라서 실질적인 분석에는 가격변동을 참작해 수정할 필요가 있으며, 이때 쓰는 가격수정요소를 디플레이터라고 하며 가격수정인자라고도 한다.

재고를 관리하는 것)에서 기인하는 노동 조건들에서의 변화를 고려하면서 산 노동의 관점에서 생산성을 분석하는 것을 결여하고 있다. 사실 신경제에서 노동 생산성은 임금과 마찬가지로 매우 유연한 조정 변수이다. 이 변수는 새로운 과학기술들을 계속적으로 응용하지 않고도 늘어날 수 있다.

이것과 관련한 훌륭한 사례는 빌 레사드와 스티브 볼드윈이 쓴 『인터넷 노예들 : 웹 노동의 진실』이라는 책이다.[18] 이 책은 계급 분석, 정확히 말하자면 웹이라는 노동 세계의 카스트 ― 신 미디어 카스트 체계 ― 분석을 최초로 시도한다. 필자들은 웹의 사회 질서 속에서 11개의 노동자 범주들을 확인한다. 이 범주들 각각에서 개인적-사회적-인류학적인 특징들과 소득 특징들이 세부적으로 묘사된다. 예를 들어, 가장 밑바닥의 웹 쓰레기수거인은 프로그램을 손질하고 편집하면서, 고객들의 불평에 응대하면서, 하드웨어의 부품들을 끼우고 빼내면서 한없는 시간을 일하며 보낸다. 경찰들과 매춘부들은 성적 자극의 망상網狀적 표출들을 억압하는 노동을 한다. 사회복지사는 모든 종류의 온라인 대화들을 관리하면서 시간을 보낸다. 튀김 전문

---

18. Bill Lessard & Steve Baldwin, *Net Slaves : True Tales of Working the Web*, 2000.

요리사들은 프로그래머들의 삶을 튀기면서 그들의 스케줄을 맞춰준다. 그리고 새로운, 그리고 극소수의 **벼락부자들**이 묘사된다. **두더지[어두운 곳에서 일하는 사람]**들이나 소기업가microentrepreneurs 또한 잊어서는 안 될 것이다.

웹 공장에서 고용은 매우 불안정하다. 사람들은 1년에 3번이나 4번 직장을 바꾼다. 고정된 노동시간이란 없으며, 사회적 서비스들도 존재하지 않는다. 위계제가 함축하듯이 사회관계들은 카스트 계보에 따라 이루어지는데, 다른 점이 있다면 여기에서는 상향 및 하향 이동성 비율이 매우 높다는 것이다. 생산성은 노동자들의 사적인 생활에 미치는 효과들 ― "사회적 생활의 완전한 결여, 끔찍한 식사 습관, 운동 부족, 엄청난 흡연, 재발하는 신경쇠약, 특히, 치질"(Lessard & Baldwin, 2000, 246쪽) ― 에 대한 어떠한 참작도 없이 증대된다.

주기의 확장 국면에서 작업하는 인플레이션 완화 세력들이 새로운 웹 과학기술들의 생산 및 응용의 축소 국면에서 움직이지 않을 것이라고 가정할 아무런 이유가 없다. 그리고 그 증거는 직접적으로건 간접적으로건 임금을 받는 **일반지성**을 구성하는, 9~10%의 노동하는 미국인들의 **삶**의 질 저히에 있다.

직접적으로 불황으로 귀결될 것이라고 만델이 언급했던 내부적 인플레이션 과정이 유발되지 않는다고 가정한다 해도, 신경제 경기순환의 하락 국면에 특징적인 위험 회피의 증대는 그럼에도 불구하고 (최근에 외국자본에 의존했던, 그리고 아르헨티나처럼 자본주의화에 기초한 체제를 위해 공적 연금 체계를 완전히 포기했던) 개발도상국들에 해로운 영향을 미쳤다. 이 경우 (상당히 위험한 부채증권의 이율 차이인) **차액**의 증대는 매우 크다. 경기후퇴 비용이 개발도상국들의 GDP의 1.5~2%에 이를 정도로 말이다.

(진정으로 만델이 관심을 갖는 차원인) 주기에 대한 **정치적** 분석의 관점에서 볼 때, 중심국에서의 삶의 질 저하와 주변국에서 삶의 질 저하가 수렴되는 것은 **일반지성**의 증명되지 않은 보편적인 실존적 조건보다 훨씬 중요하다. 고용정책연구소가 발행하는 『노동하는 미국의 상태』[19]에 따르면, 최근의 수많은 주장들과 달리, 1995년부터 2001년까지 미국의 경제활동인구 가운데 단지 25%만이 신경제의 **인터넷노예들**netslaves [20]과 유사한 조건 속에서 일하고 있다. 이러한 경향은 오히려 포드주의적인 의존고용dependent employment과는 완전히 다른 형태로 **의존 고용**

---

19. The Employment Policy Institute, *The State of Working America*, Washington D.C., 2000~1. www.epinet.org
20. [옮긴이] 화려해 보이는 겉모습과 달리 매일 모니터 앞에서 살아야만 하는 인터넷 관련 종사자들을 일컫는다.

의 확장을 향하는 것으로 보인다. 이것은 연간 노동시간의 수치가 가리키는 바와 같이 소득의 양극화가 심화되었다는 사실을 바꾸지는 못한다(1965년의 2주 반과 비교했을 때, "1999년 미국의 경영자가 3~4일 일해서 버는 것은 평균적인 임금노동자가 52주 일해서 벌어들이는 것에 해당한다.").

결국, 일자리 창출, 과학기술 부문의 발전, 생산성 비율, 그리고 복지국가에 대한 저항 등의 관점에서 볼 때, 북유럽 국가들에 대한 미국 신경제의 우월성은 전미경제연구소의 연구[21]가 보여주는 것처럼 여전히 증명되어야 하는 것으로 남아 있다.

---

21. The National Bureau of Economic Research, *The US Economic Model at Y2K : Lodestar of Advanced Capitalism?*, edited by R. Freeman of Harvard University and the London School of Economics. www.nber.org.

3장

잉여가치의 귀환

경제 회로 그리고 잉여가치의 화폐화

신경제 경기순환의 동역학과 관련하여 놀라운 일은, 수요 특히 **첨단기술** 자본재에 대한 수요가 하락하기 시작하자마자 그 경기순환이 미판매 재화의 재고 물량을 얼마나 **빨리** 늘리는가 하는 것이다. 더욱이, 이러한 일은 포스트포드주의적 지침에 따라 과잉생산의 위험요인을 완전히 제거하거나, 그렇지 않다면 적어도 그러한 위험요인을 대단히 많이 줄여야 하는, 일본의 **적시관리**와 **재고 제로**zero stock 기술들에 의해 촉발된 구조조정에 바로 뒤이어 일어난다.

다수의 관찰자들은 과잉 재고들의 문제를 **과당거래** overtrading의 전도된 효과들과 연관지어왔다. 부채가 장려하는 소비 증대 효과인 주기의 상승 국면이 과열되면 될수록, 소비 퇴조의 국면은 더욱 심해지고, 그리하여 미판매 재고의 양은 더욱 늘어난다는 것이다. 이것은 **광범하게** extensive 확산된 재생산으로부터 **집약적으로**intensive 확산된 재생산으로의 어려운 이행과 관련된 흔한 이야기이다. 광범하게 확산된 재생산에서는 두 부문(소비재와 투자재)이 평행적으로 그리고 대부분 같은 비율로 성장한다. 집약적으로 확산된 재생산에서는 성장이 오직 투자재(생산수단) 부문에만 제한되고 반면에 소비재에 대한 수요가 일정하거나, 또는 경제가 완전 고용에 다다르는 경우 성장은 점차적으로 (새로운 고용에 의해 야기된 소비의 한계 수익의 증대가 점점 적어지는 정도까지) 하락한다.

맑스주의적인 비판적 분석의 관점에서 볼 때, [경기] 순환의 확장 국면에서 차지하는 과당거래의 역할은 잉여가치의 창출이 잉여가치를 실현하기에 충분한 수요 창출로 곧바로 귀결되지는 않는다는 것을 보여 준다. 확장 국면에서는 소비재와 투자재 두 부문에서 임금과 급여의 지불이 만들어낸 수요와 관련한 추가 수요가 창출된다. 다시 말해, 자본 순환capital cycle은 이미 구조적으로 불균형하기 때문에, 수출이나 공공 적자 지출 또는 신경제에서처럼 금융시장의 작동으로 창출되는 유동성만이 경기순환의 연속성을 보장할 수 있다. 이것이 사실이 아니라면 하락하는 수요는 수요와 공급을 다시 평형상태로 되돌려 놓아야 한다. 그러나 그와 반대로, 수요가 하락하기 시작하자마자, 미판매 재고들이 나타나기 시작하고 이것은 일정량의 실현되지 않는 가치(잉여가치)가 존재한다는 것을 의미한다! 그러므로 [경기]순환과 위기에 대한 맑스주의적 분석을 다시 살펴보는 것이 유용한 것 같다.

고전 경제학에서는 신고전학파와 대조적으로, 경제의 기능이 경제 회로, 즉 다양한 국면들 속에서 생산 및 소비와 연결되어 있는 회로라 불리는 어떤 것에 의해 대표된다는 것이 상기되어야 한다. 『자본론』 2권에는 경제 회로에 대한 맑스의 훌륭한 서술이 포함되어 있다. 이 개념은 18세기 중반 중농학파에 의해 처음으로 알려졌다. 경제 회로는 자본주의 경제의 한 표상으로 중요하다. 그 이유는 이것이 생산 및 재생산의 시간적 순차성뿐만 아니라 임금의 지출과 소비를 연결해 주는 순환성에 대한 서술을 제공해 주기 때문이다(156쪽 도표 참조).

잘 알려진 것처럼, 『자본론』 2권에서 맑스는 우선 단순 재생산을 분석한다. 여기에서 모든 잉여가치는 자본가에 의해 (비생산적으로) 소비된다. 계속해서 맑스는 확대된 재생산을 분석하는데, 여기에서는 **실현된** 잉여가치, 다시 말해 **팔린** 잉여가치의 일부가 생산과정 자체와 고용량을 늘리기 위해 투자된다.

이러한 분석의 한 가지 중요한 특징(이것은 맑스주의 전통에서 일련의 잘못들과 모호함들의 원인이 되는데)은, 맑스의 주장을 위한 기초로 사용된 도식에서 소비재 부문과 투자(재) 부문에서 생산된 재화들 간의 교환이 **교환가치**(즉 재화에 포함되어 있는 사회적 노동시간)에 의해 성취된 교환이라는 점이다. 그리고 이 점은 맑스의 분석에서 차지하는 이러한 교환의 중심성을, 교환을 실행하는 데 필요한 화폐의 맥락에서가 **아니라** (생활용품과 자본재의) **사용가치**의 맥락에서 확증해 준다. 맑스는 『자본론』 2

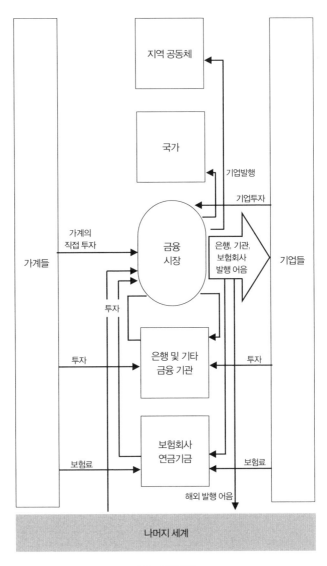

도표1. 경제 회로

권 21장에서 다음과 같이 쓰고 있다.

> [이 경우에는] 한편에 있는 화폐가 다른 한편에서의 확대재
> 생산을 불러내는데 이것은 화폐 없이도 확대재생산의 가능
> 성이 이미 있기 때문이다. 왜냐하면 화폐 그 자체는 현실적
> 재생산의 요소가 아니기 때문이다.(Marx, 1907, 572쪽)[1]

사실, 그 도식들에서 주장은 단순 유통(C-M-C')의 측면에서 전개되는데, 여기에서 화폐(M)는 말하자면 상품들 C, C', C", …… 를 연결하는 다리로서의 덧없는 기능을 수행한다. 여기에서 중요한 것은 상품들의 통약 가능성 commensurability이며, 가치 척도로서의 화폐에 대한 단순한 참조만으로 충분하다.

『자본론』 2권의 일절에서, 맑스는 잉여가치의 화폐로의 전환/실현에 관심을 갖는데, 여기에서 맑스는 전반적인 본격 생산을 하는 데 부족한 화폐가 매년 금 생산자에 의해 제공된다는 가설을 정립한다. 그러나 금 생산자라는 해결책은, 그것이 단순 유통(C-M-C')과 관련하여 유효하다 할지라도, 어떤 식으로건 자본 유통(M-C-M')의 핵

---

1. [한국어판] 칼 마르크스, 『자본론 II』, 김수행 옮김, 비봉출판사, 2004, 596쪽.

심적인 문제를 해결하지 못한다. 여기에서 잉여가치의 화폐로의 전환이 유통의 연속성에 근본적이다. 자본 유통[순환]에서 문제는 더 이상 화폐의 양이 아니라 화폐 소득의 양이다.

다른 한편, 맑스는 재생산에 대한 자신의 도식을 논의하고 스스로 '화폐 물질의 재생산'에 대해 질문하면서, 단순 유통과 자본 유통의 차이에 대한 명확한 이해를 보여준다.

> 생산이 모두 노동자들 자신의 것이며, 그들의 잉여노동이 자본가를 위한 잉여노동이 아니라 그들 자신을 위한 잉여노동이라고 하더라도, 유통하는 상품가치의 양은 똑같을 것이며, 그리고 [그 밖의 사정들이 동일하다면] 그 유통에 똑같은 화폐량이 필요할 것이다. 따라서 어느 경우에도 문제는 오직 이 총상품가치를 교환하기 위한 화폐가 어디서 나오는가 하는 것이지 잉여가치의 화폐화를 위한 화폐가 어디서 나오는가 하는 것은 결코 아니다.(같은 책, 552쪽)[2]

요점을 말하자면, 화폐는 금 생산자로부터 유래하거나, 또는 태환불가능성의 체제에서는 중앙은행의 인쇄기에서

---

2. [한국어판] 같은 책, 574~575쪽.

나온다. 우리는 화폐 물질에 대해서 이야기하고 있지 않은 가?

자본 유통의 수준에서, 잉여가치가 실현되기 위해서 는 그 가치가 팔려야 한다. 다시 말해 소득이 확보되어야 한 다. 상품은 일반적인 등가 화폐(금이건 지폐이건)의 양에 비례하여 팔리는 것이 아니라 소득의 양에 비례하여 팔린 다. 태환불가능한 화폐 체제에서조차 목적은 여전히 소득 이다. 그 이유는 상품으로서의 화폐 생산의 문제가 없는 현재와 같은 태환불가능성의 체제에서 화폐 소득의 양 문 제는 동일하게 남아 있기 때문이다. 누가 이러한 소득을 창출하는가, 그리고 무엇보다도 이러한 소득은 누구에게 지불되는가?

내가 생각하기에 진정으로 근본적인 요점은 다음과 같은 것이다. 대부분의 경우 분석들이 잉여가치의 실현 문제가 마치 맑스가 『자본론』 2권에서, 다시 말해 재생산 도식에 의거하여 기술한 경제 회로에 의해 해결된 것처럼 제기되었다. 다시 말해 (잘 알려진 것처럼 화폐적 맥락에 서 수요와 공급의 동일성을 확고히 하는) 세이의 법칙에 대한 맑스주의적 비판의 문제가 마치 [화폐]퇴장hoarding 3

---

3. [옮긴이] 상품 판매로 수취된 화폐가 재차 상품 구매를 위해 사용되지 않 고, 그대로 개인 또는 은행의 수중에 보유되는 것을 말한다.

으로 축소되었던 것처럼 말이다. 퇴장은 소득을 체계로부터 빼버림으로써 상거래 C-M-C'-M-C"의 사슬을 깨뜨리고 하나의 불균형, 즉 미판매 상품들의 증가를 야기하는 그러한 소득 순환의 정지[유예]를 가리킨다.

세이의 법칙에 대한 맑스의 비판은, 단순 유통의 영역 내에서 순전히 하나의 작업가설로서 남아 있지만, 오늘날, 이를테면 화폐적 순환의 생산력 발전의 한 단계(디지털화와 세계화)에서는 유지될 수 없다. 그 이유는 (퇴장退藏의 한 형태인 저금으로 인한) 가치 순환[유통]의 한 지점에서 소득이 부족해도, 지구의 한 곳에서 다른 곳으로의 저축 운동에 의해 **자동적으로** 보완되기 때문이다. 그러나 이러한 사실 외에도 중요한 사실은 세이의 법칙의 동일성에 대한 이러한 비판이 잉여가치가 어떻게 **자본**의 순환[유통] 속에서 화폐화되는가의 문제에 **우선** 대답하지 못한다면 이러한 비판은 성립될 수 없다는 것이다.

실제로, 맑스는 세이의 법칙에 대한 급진적인 비판을 발전시킬 수 있는 모든 필수 요소들을 제공해 준다. 설령 이러한 비판이 로자 룩셈부르크의 과소소비 테제를, 심지어는 케인스의 생산자원의 불완전고용 경향 테제를 넘어서는 것이라 할지라도 말이다. 그러나 그것은 다음과 같은 조건, 즉 그 불균형이 구조적이라는 것을 가정한다는 조건에서 그렇다. 자본주의적 생산 회로의 초기에 분배되는 급여 소득만을 기반으로 해서는 잉여가치 실현이 불가능함을 드러내는 생산 국면에서 불균형이 창출된다.

『그룬트리세』에서 맑스는 단순한 수치적 사례를 사용하여 잉여가치의 화폐화 문제를 성찰한다.

> 20탈러의 잉여가치가 그 자체로 추가되어 새롭게 창출되어 있다면, 이것은 유통에 대하여 소극적으로 자립하여 정립된 **화폐**이다. 유통은 불변으로 전제되었기 때문에, 단순한 소비 대상들을 교환하기 위한 단순한 등가물로서 그것은 유통에 들어갈 수 없다.(Marx, 366쪽)[4]

맑스는 잉여가치가 화폐라고 말하지만, **일반적으로 등가적인 화폐는 아니다.** 그렇다면 화폐란 무엇인가?

> 따라서 이제 이미 **즉자적으로** 자본으로 실존하는 **화폐**는 단순히 미래의 (새로운) **노동에 대한 청구권**일 뿐이다. …… 그러한 청구권으로서 그것에게 화폐로서의 그 자신의 물질적 실존은 중요하지 않으며, 어떤 호칭에 의해서도 대체될 수 있다. 공채권자와 마찬가지로 모든 자본가는 새롭게 획득된

---

4. [한국어판] 칼 맑스, 『정치경제학 비판 요강 I』, 김호균 옮김, 백의, 2002, 385쪽.

그의 가치에서 미래의 노동에 대한 청구권을 가지며, 현재 노동을 점취함으로써, 이미 미래 노동도 동시에 점취했다.

이것은 "미래 노동을 **임금 노동**으로, 자본을 위한 사용가치로" 정립하는 것을 의미한다. 그리고 우리의 테제를 확인해 보자면, "새롭게 창출된 가치에게는 **등가물**"이 존재하지 않는다. "가치의 가능성은 단지 새로운 노동 속에만 있다."(같은 책, 367쪽)5

마무리를 지어 보자면, 새로운 가치(맑스의 사례에서는 20탈러)에 해당하는 일반 등가적인 화폐의 양은 존재하지 않는다. 즉 이러한 20탈러짜리 가치-상품의 판매를 허용해 줄 화폐 소득의 양은 존재하지 않는다. 그러나 소득 20탈러를 획득하기 위해 소비되는 경우, 미래 노동에 대한 청구권으로서 기능하는 소득이 존재한다. 다른 말로 하자면 새로운 노동에 명령을 내릴 화폐 자본으로 기능하는 소득이 존재한다.

단순히 말하자면, "세평世評과 마찬가지로" 잉여가치의 화폐화를 위한 화폐는 존재하지만, 그 존재를 위한 조건은 그것의 물질적 본성("화폐로서의 그것의 물질적 존재는 중요하지 않다.")이 아니라 오히려 미래의 노동에 대한

---

5. [한국어판] 같은 책, 386쪽.

청구권으로 기능할 수 있는, 즉 새로운 노동의 급여화를 위한 수단으로 기능할 수 있는 그것의 능력이다. 아니 더 정확히 말하자면, 산 노동, 즉 노동력work force의 **사용가치**에게 명령을 내리는 화폐로서 기능할 수 있는 능력 말이다.

불균형이 구조적이라고 주장하는 것이, 역사적으로 잉여가치의 전환/실현 문제에 대한 해결책들이 발견되지 않았다는 것을 의미하지는 않는다. 이것은 해결책들이 역사적이라는 것(이것이 요점이다)을, 그래서 그러한 해결책들이 때때로 [경기] 순환을 조정하거나 위기의 분출로 귀결되는 사회적이고 제도적인 배열들에 대한 연구를 필요로 한다는 것을 의미한다.

우리는 식민주의와 제국주의, 즉 잉여가치를 실현하기 위해 자본주의적 회로에서 벗어나 **외부적 판로**를 추구하는 것이 내부적으로 실현 불가능하다는 것을 알고 있다. 우리는 제국주의가 어떤 지점에 도달했음을 알고 있다. 제국주의는 선진국들의 회로 내부에서는 실현될 수 없는 잉여가치의 수입을 위해 필요한 회로, 신용, 구매력 등의 외부에 있는 가난한 국가를 가정한다. 가난한 국가들에 대한 다국적 은행들의 정책은 ─ 이것은 부채의 덫으로 널리 인식되고 있다 ─ 잉여가치의 화폐적 실현 문제에 대하여 이러한 해결책과 정확히 상응한다.(Vitale, 1998을 보라)

자본주의 경제의 핵심은 축적의 **연속성**을 보장하는 것이다. 그것이 차단된다는 것은 자본에게는 사회적이고 정치적인 위험요인이 된다. 역사적으로 볼 때, 자본주의 축적의 연속성을 보장하는 제국주의의 방식이 자본주의 회로 외부에 있는 국가들의 자연 경제를 파괴하는 것을 전제하는 것은 이것 때문이다. 가난한 국가들을 종속 관계로 묶어두기 위해 그 나라들은 재구조화가 아니라 파괴되어야 한다. 그것은 그 국가들이 재구조화된다면 미실현 잉여 가치[들] 사이의 모순이 더 큰 규모로 다시 모습을 드러낼 것이기 때문이다. 부채 과잉의 덫이 하는 기능은 정확히 다음과 같다. 주변국들이 중심국에 대한 의존[관계]에서 벗어나는 것을 차단하는 것. 그러나 그 국가들을 중심국을 위한 판매 시장이라는 조건 속에 유지시키는 것. 이것은 저발전 없이는 발전이 없다는 것을 의미한다.

잉여가치를 화폐화하는 문제에 대한 또 다른 '해결책'은 복지 국가이다. 복지 국가의 적자 재정 지출deficit spending은 말하자면 제국주의가 회로 외부에서 해결했던 것을 회로 내부에서 해결했다. 임금 및 급여와 더불어 유효 수요의 형성에 기여하는 잉여가치의 실현을 위해 필요한 추가 소득의 창출은 적자 재정 지출을 통해서 이루어지고, 또 그것을 통해서만 이루어질 수 있을 뿐이다. 새로운 소득은 무에서ex nihilo, 창출된 추가 소득이어야 한다. 이 소득은 실현된 잉여가치가, 그리고 실현된 잉여가치의 재투자가 임금 노동자들의 고용을 늘림으로써 과세 기반을 확대할 때 지불된다. 그 추가 소득은 좀 더 높은 세수稅收의 형태로 되돌아오고, 그리하여 초기 적자initial deficit의 제거를 가능하게 한다.

이 체계가 [체계의] 연속성 덕분에 기능한다는 것은 명백하다. 연속성은 유통 중인 상품들을 동일하게 측정할 수 있는 체계의 능력commensurability이다. 불변자본에 대한 투자가 일자리를 만들지 않고 [오히려] 제거하는 때처럼 연속성이 차단된다면, 나선형의 누적적 적자가 유발된다. 사실상, 회로의 연속성을 보장하려면 추가 수요를 창출하기 위해 공공 지출이 계속 사용되어야 한다. 그러나 이는 고용 기반을 확장하지 못하는 투자와 더불어, 경제적 수단으로서의 적자 재정 지출의 유용성을 침식한다. 그러나 유용성이 침식되는 것은 불변자본에 대한 투자가 추가 고용을 창출하지 못하기 때문이라기보다는 근대의 복지국가에서 실업수당을 받을 자격이 있는 실업자 대중이 (잠재적으로) 새로운 또는 미래의 노동인구work force로 기능하지 못하기 때문이다. 이것이 본질적인 요점이다.

엄밀히 말하자면, 그리고 『그룬트리세』 속의 맑스의 지적에 따르면, 저자는 계속해서 늘어날 수 있다. 그러나 그것은 무에서 창출된 화폐가 잉여가치를 화폐화하는 수단으로 기능함과 동시에 미래의 노동에 대한 청구권으로서 기능한다는 본질적인 조건 위에서 가능하다. 만약 실업 프롤레타리아가 자본주의 복지 국가가 제기한 조건들을 따르지 않는다면, 그들이 미래의 임금 노동자로서의 자신의 운명을 받아들일 의지를 보여주지 않는다면, 더 높은 세율에 반대하는 '납세자 파업'이 일어난다. 보통 이러한 파업에는 공공 지출을 합리화하기 위해 고안된 일련의 조치들이 뒤따른다. 이 조치들의 목적은 더 이상 생산적으로 고용되지 않은 노동인구의 미래에 대한 자본주의적 명령을 재수립하기 위한 것이다.

나는 한 가지 심층적인 문제를 고찰하는 것이 중요하다고 생각한다. 경제 회로는 거의 언제나 (명시적으로건 암묵적으로건) **국민경제**와 부합하는 것으로 간주된다. 그러므로 [이때까지] 우리가 이야기해 오고 있는 모든 것은 각각의 개별적인 국민경제 내부에서 유효하다. 각각의 국민경제가 이번에는 다수의 다른 국민경제들과의 관계망 속으로 편입된다. 종합해 보면, 이러한 관계들이 **국제경제**를 형성한다.

각각의 개별경제가 자신의 계산 단위(달러, 유로, 엔 등등)에 의해 화폐화되는 것을 고려하면, 그리고 세이의 법칙에 따라 각각의 국민경제 회로에서 국민총소득이 내부적으로 재분배되는 소득의 총합과 같다는 것을 고려하면, 국민경제들 간의 교환이 초국적인 계산 단위에 의해 수행되어야 한다는 결론이 나온다. 사실, 국제적인 지불의 80%가 (국제통화인) 달러로 이루어지는 근대 국가들에서처럼 국제적인 거래들이 일국적인 계산 단위에 의해 수행되는 곳에서는, 일국의 화폐와 그 화폐의 국제적인 이용 간의 비대칭은 전 지구적 규모에서의 경제적-금융적 불균형들을 낳을 수밖에 없다.

이러한 이유로, 지난 수십 년 간 전 지구적인 경제적·화폐적 불안정성을 종식시키기 위한 시도들이 반복되어 왔다. 낡은 **금 본위제**로 돌아가거나 또는, 브레턴우즈에서의 케인스의 노선에 따라 1944년 [브레턴우즈] 회담에서 케인스가 제안한 방코르6와 유사한 비물질적인 초국적 통화를 수립하는 방법들을 통해서 말이다. 어느 경우이건, [기

---

6. [옮긴이] 2차 세계대전 당시 영국 정부가 세계중앙은행 역할을 할 국제청산연맹(ICU) 설립과 함께 추진하였던 국제무역의 결제수단으로 제안한 국제통화를 말한다. 1944년 브레턴우즈 회의에서 공식적으로 제안됐으나, 미국의 금달러본위제에 밀려났다. 방코르는 실물 화폐가 아니라 일종의 국제통화결제시스템으로 세계중앙은행인 국제청산연맹에 각국이 방코르 계정을 개설하고, 이 계정을 통해 결제하는 형식으로 진행된다. 케인스는 각국이 ICU로부터 배정받은 한도를 초과할 경우 이자를 물고 환율을 내리도록 했고, 반대로 수출이 많아 방코르가 축적될 경우에도 일정액이상은 이자를 부담하면서 환율을 올리도록 했다. 한편, 무역수지 적자국은 방코르 계정에 적자액을 차변에 기재하고, 흑자국은 흑자액을 대변에 기재해 국제결제를 완료한다. 최근 2000년대 중반을 넘어서면서 미국 달러의 입지가 흔들리자 중국과 유럽 등에서는 글로벌 불균형을 해소한 대안으로 방코르를 도입할 것을 주장하고 있다.

본] 생각은 특정 국가의 편에서 환율을 수정하지 않고 일국적으로 생산된 가치 몫들의 교환만을 참작할 매개 화폐를 확립함으로써 국민경제의 회로들 사이에 대칭성을 재확립하자는 것이다.

맑스주의 전통에서, 경제 및 국제 거래에 대한 이러한 시각은 상품들의 **보편적 등가물**로서의 화폐라는 정의 속에서 명확히 확인해 볼 수 있다. 이것은 ― 우리가 재생산 도식과 관련하여 이미 살펴본 바와 같이 ― 단순 유통[순환]의 영역에 속하는 화폐에 대한 상업적 정의이다. 이 영역 속에서는 화폐의 중재를 통해 교환되는 상품들은 **이미 생산된** 상품들로서 사회적으로 필요한 노동의 일정량을 이미 포함하고 있다. 우리는 맑스가 『자본론』의 1권 1절에서 이러한 화폐 형태(화폐는 국민경제 회로와 관계된다는 점에서 **일반적**general 등가물이며, 상품들의 전 지구적 유통[순환]과 관계된다는 점에서 **보편적**universal 등가물이다)를 밝히고 있음을 알고 있다.

실제로 맑스에게 화폐는 하나의 **가치 형태**이다. 가치가 상품들과 화폐라는 이중 형태 속에서 나타난다는 의미에서 그렇다. 가치 형태로서 화폐의 본질은 결코 일반적 등가물 형태로 환원[축소]되지 않는다. 단지 (계산 단위, 가치 척도, 교환 수단, 지불 수단, 가치 보존 등등) 화폐의 **수많은 기능들 중의 하나**라는 점을 고려한다면 말이다. 다시 말하자면 화폐는, 가치가 판매자와 구매자 간의 교환이라는 일정한 관계 속에서 취하는 형태이다.

가치 형태로서 화폐는 근대성의 특징인 **사회적 결속 형태**이다. 다시 말해, 화폐는

> 사적인 것과 공적인 것의 관계에 의해 개인들을 '계산하고' 그들을 집단들 속에서 그리고 상이한 지역들 속에서 조직하는 방식이다. 화폐는 하나의 사회적 고리인 까닭에 (기능적으로) 거래 수단이기도 하며, 권력의 축적 또는 지원 대상이기도 하다. 그러나 화폐를 이러한 기능들로 환원하는 것은 본질적인 것을 배제한다는 것을 의미한다.(Boyer-Xambeau, M.T.et ak, Gillard, 1986, 3쪽)

예를 들어, 자본과 노동력work force의 교환이라는 매우 근본적인 경우에서 화폐는 **유통되는** 등가물로서 **존재하는** 것이 아니라, 노동력이 자본의 명령 하에 생산 회로 속으로 직접적으로 들어가자마자 산 노동에 의해 **생산될** 가치 형태이다. 이것은 임금 계약을 규정하는 화폐가 유통[화폐] 속의 상품-임금 등가물을 갖지 않는다는 것을 의미한다. **달리** 말해, 그것은 무에서 창출된 화폐이다. 화폐는 노동력이 자본으로부터 분리되지 않을 때, 그리고 가치를 생산하기 시작함으로써 또한 급여-바구니salary-basket의 상품

들을 생산할 때 상품이 되는 지불 수단이다.

이것은 급여의 지불이 그에 상응하는 어떠한 수많은 화폐-상품도 전제하지 않는다는 것을 의미하는 것 그 이상도 이하도 아니다. 임금-상품들을 생산하는 것은 사실상 산 노동이기 때문이다. 만약 어떤 이유로 자본 축적이 계속 된다면, 유통되는 화폐와 중앙은행이 보유한 금 사이의 양적 상응은 따라서 관계가 없다. 다른 한편, 가치의 유통[순환]이 방해를 받고 그 결과 사회적 규모에서 퇴장^{退藏}이 일어난다면, 종이 화폐와 일반적 등가물 사이의 양적 차이는 축적 양상과 노동력 사이의, 자본 확장과 노동력의 자기 확장 사이의 질적 차이를 드러낸다.

화폐를 하나의 가치 형태로, 즉 일단의 기능들(그중에서도 보편적 등가물의 기능)을 포함하는 형태로 정의한다면, 경제 회로는 전 지구적 관점으로 분석될 수 있으며, 더욱 정확히 말하자면 그러한 관점으로 분석되어야 한다는 결론이 나온다. 전 지구적 화폐는 무엇보다도 전 지구적인 가치 형태이다. 이 가치 형태는, 시민의^{citizenry} 경제적 차원이 아니라 시민의 정치적 차원을 국적으로 하는 경제의 기여에 의해 생산된다.

이것은 다음과 같은 맑스의 기묘한 진술을 이해하는 것을 더 쉽게 해준다. "따라서 세계 시장은 전제^{前提}와 만사^{萬事}의 지주^{支柱}를 번갈아, 그리고 함께, 구성한다." 세계

시장은 가치의 생산이 일국적이지 않고 세계적이라는 의미에서 '전제'일 뿐만 아니라, 그와 동시에 세계 시장은 노동의 국제적 분할[분업]과 교환의 위계적 조직[화]가 전체 세계 시장을 위한 틀로서 기능한다는 의미에서 "만사의 지주"이다.

세계적인 가치 형태 내부에서 화폐의 다양한 기능들의 비중은 국제 통상(이미 생산된 상품들의 교환)이 우세한지 아니면 새로운 가치의 생산이 우세한지에 따라 역사적으로 다양할 것이다. 첫 번째 경우, 보편적 등가물로서의 화폐의 기능은 지불 수단으로서의 화폐의 기능에 비해 비중이 훨씬 더 클 것이고, 두 번째의 경우는 그 반대일 것이다. 하지만 두 경우 모두, 근본적인 비대칭성은 일국의 화폐와 그것의 국제적인 차원에서의 사용 사이에 존재하는 것이 아니라, 오히려 노동력과 그것의 자본주의적 활용 사이에, (일국의 회계 단위들의 스펙트럼을 가로지르는) 분배된 임금과 전 지구적인 잉여가치 사이에 존재한다.

다음과 같은 점이 주목되어야 할 것이다.

발행 은행이 출현하기 1세기 전에[그러니까 16세기에], 화폐는 금이나 은에 한정되지 않고 이미 사적인 업무와 공적인 특권 사이의 특수한 상호작용, 즉 **사회화 과정**a process of sociality을 형성했다. 그리고 16세기 후반의 파산은 이 근대적 화폐의 최초의 위기로 귀결되었으며 사회적 고리로서의 그것의 한계들을 보여주었다.(같은 책, 7쪽)

이미 근대적 화폐 체계의 여명기에, 지역적-일국적 회계 단위들의 복수성은 화폐 관계들이 국제적이라는 것을 의미한다. 이 관계들은 국경들의 횡단을 전제하기 때문이 아니라 상이한 지역적 회계 단위들을 전환하기 때문에 국제적인 것이다. 다른 말로 하면, 회계 단위들은 경제 회로의 국적을 규정하는 것이 아니라 자체 내부에 **자본 확장의 전 지구적 공간의 다양성**을 지니고 있다.

일국적인 계산 단위와 **국제적인** 지불 수단 사이의 불균형은 달러가 지배하는 화폐 체계의 특징이다. 이러한 불균형은 한편으로는 나머지 세계에 대한 일정한 **일국적 공간의 생산력**의 결과이다. 그렇지만 또한 세계 회로의 하나 또는 그 이상의 지점들에서 일어나는 생산/유통 과정의 중지를 피하기 위한 더 강력한 경제가 필요하다는 것을 반영한다.

마지막으로 우리는 비물질적인(태환불가능한) 통화의 체제에서조차 일반적 등가물로서의 화폐의 기능이 금의 소멸과 함께 사라지지 않는다는 것을, 때때로 세계적 규모에서 화폐적 지주支柱로서 기능할 수 있는 화폐 기능들이나 체계들의 조합(예를 들어 강력한 통화들, '최고 순위의' 채권들 등등의 고정 환율, 또는 변동 환율의 체계)에 의해 보편적 등가물이 대체된다는 사실을 고려해야 한다.

주기 형태의 합리성

어부들의 원시적 공동체를 상상해 보자. 유일한 소비재는 물고기였을 것이고 유일한 생산적 활동은 낚시였을 것이다. 이 종족은 낚시 장비를 개선하고, 그 결과 나중에 더 많은 물고기를 잡기 위한 목적으로 생산성을 높이는 데 사용될 잉여를 자유롭게 활용하기 위해 소비를 줄이기로 결정한다. 이러한 목적을 위해 종족은 일부 사람들을 낚시 업무에서 손을 떼게 하고 통나무배를 만드는 업무를 하도록 결정한다. 이로부터 소비재의 소비는 줄어들고, 투자는 증대하며, 소비재의 생산은 하락하고 동시에 생산수단의 생산은 증대한다.(Arrighi, 1974)

이러한 가설적 공동체의 '도덕'은 무엇인가? 그것은 이렇다. 부문 I, 즉 자본재의 생산은 결코 부문 II, 즉 소비재의 생산과 독립적으로 성장하지 못한다. 더 정확히 말하자면, 그것[자본재의 생산]은 훨씬 더 중요한 무언가를 행한다. 자본재의 생산은 소비재를 생산하는 부문의 하락에 비례하여 성장한다. 이 공동체는 이 두 부문을 하나의 부문이 다른 하나의 부문에 대립하도록, 반비례하여 변화하도록 만들 수 있을 뿐만 아니라 또한 그렇게 만들어야 한다. 이것이 평형을 유지할 수 있는 필수적인 조건이다. 이것은 생산되고 있는 두 양들과 일치하는데, 그 이유는 그것들이 (생산의 **사회적 잠재력**인, 그리고 그 결과 그것들이 서로 대립하는 반비례로 변할 수밖에 없는) 주어진 총량의 유일한 구성요소들이기 때문이다.

　　이제, 어떤 개인 기업가들이 공동체를 공격하여 그것을 수중에 넣고, 그 공동체의 모든 경제적 활동들을 사유화한다고 상상해 보자. 근본적인 방정식은 뒤집힌다. 어떤 개인 기업가도 정확히 물고기 소비가 하락하고 있는 속도로 통나무배들의 생산을 늘리지 않을 것이며, 물고기 소비가 상승할 때 생산을 줄이지도 않을 것이다. 지금 경제적 의사결정의 지배력을 쥐고 있는 사람들에게, 투자 유인은 소비와 정비례한다.(같은 책, 380~81쪽)

　　어떤 의미에서 자본가들은 다음과 같은 부적절한[시기가 적절하지 않은] 방식으로 행동하도록 유도된다. 최종 소비자들이 사회적 생산물의 대부분을 흡수한 뒤 투자 자금이 부족하게 될 때 투자하는 것. 최종 소비가 급락한 뒤 투자 자금이 남아 돌 때 투자를 철회하거나 투자 속도를 늦추는 것. 생산물의 실현(판매) 수준의 바로 이 형태 속에서, 사회적 생산과 부의 사적 전유의 근본적인 모순이 드러난다. 이것이 자본주의적 생산양식, 말하자면 시장경제 양식의 중요한 instrumental 불균형을 결정한다.

이 지점에서, 이러한 불균형에도 **불구하고**, 즉 기업가들의 사적 이익과 사회적 생산의 객관적인 조건들 사이의 근본적인 모순에도 불구하고, 어찌하여 자유 시장 체계가 즉각적으로 그리고 영구적으로 봉쇄되지 않는지 묻는 것이 적절하다. 대답은 이렇다. '어부의' **자본주의적** 공동체에서 통나무배들의 제조와 물고기의 생산-소비가 동시에 상승 및 하락할 수 있다는 것이다(그리하여 통나무배들과 물고기의 총량을 **탄력적으로** 만든다). 그러나 그것은 단지 다음과 같은 조건 하에서이다. 상황에 따라 동원되거나 해산될 수 있는 예비 비고용 노동자들 및/또는 예비 생산수단이 그 공동체에 존재한다는 조건 말이다.

예를 들어, 경제 체계가 개방되어 있다면, 생산력들의 내부적인 비축 이외에, 외부의 생산력들이 자본과 노동의 형태로 제공된다. 이러한 제공은 사회적 생산의 유효 잠재력에 **보충적 탄력성** supplementary elasticity을 추가한다. 유효 잠재력은 과거에 고려중이었으나 실제로 노동하도록 강제당한 생산력들의 총합이다. 이러한 내부적 및/또는 외부적 예비[비축], 그리하여 실업을 향한 체계의 바로 이러한 경향이 자본주의적 경제로 하여금 어부 공동체 논리와 반대의 논리에 따라 기능하도록 해 준다. 이러한 예비는, 생산 능력을 증대하는 기능 그리고 투자를 감소하는 기능으로서 소비하는 것이 아니라 추가 소비를 **증대하는** 기능으로서 생산하고 투자한다. (추가 소비가 외관상 비생산적으로 보이는 까닭은 그것이 사실상 **노동력의 생산적 미래**를 동반하기 때문임을 상기해야 한다.) 여기에 사실상, 황금시대 30년의 기적 이면의 비밀이 존재한다. 브레이크가 아니라 경제 성장의 엔진으로 기능했던 그 시대에 **실질적인 급여는 상승했다는 것!**

그래서 우리가 만약 경제 회로의 작동에 기본적인 구조적 불균형이 존재하고, 이것이 R(소득, 소비)보다 **훨씬 큰 P**(생산, 공급)의 바로 그 결과라는 전제에서 출발한다면, **과당거래**overtrading는 (과당거래가 회로 내부에서 **직접적으로** 창출되었다는 사실에 덧붙여 소득에 의해 창출되는 한에서) 우리로 하여금 팽창과 후퇴의 진동하는 동역학 ― 주기[경기순환] ― 을 설명할 수 있도록 해 준다. 과당거래는 회로를 균형의 바깥으로 보내지 않는다. 그와 반대로 과당거래는 **역동적으로 회로의 균형을 맞춘다.** 이처럼 과당거래는 (자본주의 회로 외부에 있는 수입국들에게 제공된 신용[부채]에 의해 또는 공공 **적자 지출**에 의해 창출된) 추가적인 소득이다. 이 소득은 전체 소득을, 고전학파적이고 신고전학파적인 경제학자들에게 일반균형general equilibrium으로 알려진 수준으로 이끄는 소득이다.

그러나 그것은 **회로의 외부로부터** 창출되는 일종의 추가적인 소득이다. 이 소득은 자본의 **집단적 이익**에 대한 인식을 적극적으로 전제한다. 이러한 의식은 경제 회로가 본성상 개별 이익들의 집합에 구성된다는 사실로부터 비롯된다. 하나의 계급으로 조직되지 않는다면 개별 이익들은 한 치 앞도 내다볼 수 없다. 사실상, 각각의 기업가들은 자신이 고용한 사람들에게 지불된 급여를 순수한 비용으로 바라보지, 그가 자신의 잉여가치를 팔도록 허용해 주는 최종 소득의 요소로 바라보지는 않는다.

포드주의 시대에, **과당거래의 원동력**은 복지국가의 **적자 지출**에 의해, 아울러 국제 거래의 동역학(종속의 논리에 따른 주변국들로의 수출)에 의해 유발된다. 이 경우, 경기순환은 케인스가 제시한 지표들에 의거하여 이루어졌다. 경제 체계가 생산력들의 실업을 향한 경향을 띠자, 복지국가 편에서의, 그러나 항상 제국주의적인 국제적 맥락 내부에서의 유효 수요의 창출은 실업[비고용] 인적 자원들을 임금을 받는 노동인구로 변형했다. 다시 말해, 케인스주의적·포드주의적 경기순환은 중심국들에서의 완전 고용을 향한, 그리고 주변국들에서의 구조조정 없는 구조해체를 향한 경향을 보여주었다.

　케인스주의적 주기의 내부에서 팽창의 상위 한계, 즉 경기후퇴로 들어가는 한계는 완전고용이었다. 경제가 이러한 한계에 더 가깝게 접근함에 따라, 더 정확히 말해 소비의 성장률이 점차 둔화됨에 따라, 과당거래에 의해 시작된 (공적 및 사적) 부채액의 성장률은 상위 한계에 접근하는 주기를 드러냈고, 이것은 은행들이 팽창 국면 중에 제공된 융자를 되찾을 수 있도록 경쟁을 부추겼다. 이와 같은 방식으로 팽창 국면은 경기 후퇴 국면으로 발전하였다. 과당거래의 수도꼭지를 잠금으로써, 미판매 재화 형태의 비화폐적 잉여가치는 난감한 처지에 놓이게 되었다. [그것의 주로, 적어도 처음에는, 자본재로 구성되어 있는 잉여가치[이다].

　포드주의 시대에 추가 수요를 창출하는 데 있어서 복지국가의 역할은 제국주의적 회로 외부의 시장 판로라는 주변국들의 역할을 결코 무시할 수 없었다(심지어 주변국들은 과거에 그랬던 것처럼 중심국들에 대한 경제적 종속을 진전시켰다). 마찬가지로 신경제에서 경기순환의 금융화는 잉여가치의 화폐화를 위한 장치들이라는 복지국가와 세계경제의 역할을 (분명 약화시키기는 해도) 무시하지는 못한다.

연방 준비 제도이사회의 의장[앨런 그린스펀]에 의해 (파산이 시작되기 약 4년 전인 1996년에) '이상 과열'이라고 경솔하게 정의된 금융시장의 과당거래는 더 이상 포괄적으로 정의된 인적 자원의 완전 고용을 향한 포드주의적·케인스주의적 경향을 그 상위 한계로서 갖는 것이 아니라 **인지적인 인적 자원**의 완전 고용을 향한 경향을 한계로 갖는다. 경제가 정보재의 공급을 흡수할 수 있는 인간 능력의 한계에 접근할 때, 경제성장의 연속성을 보장하기 위해 팽창 국면에 필요했던 금융 과당거래는 '유동성 선호', 즉 세계적 규모의 퇴장으로 전환되는 것으로 귀결된다. 이것을 통해 드러나는 것은, 현재의 요구에 더 이상 화폐적으로 흡수될 수 없는 정보적인 잉여가치의 '디지털 풍요'이다. 이것은 신경제의 경기후퇴 위기의 개시이다.

맑스와 『그룬트리세』로 돌아가 보면, **미래 노동에 대한 청구권**의 입장에서, 즉 엄밀히 말해 유통되는 일반적인 등가 화폐의 양과 무관하게 창출될 수 있는 화폐 자본의 입장에서 무無로부터의 화폐의 창출은, 자본의 **명령**을 받는 일반적인 인적 자원들의 전환 과정 속에서 **경직성**rigidity이 전개되자마자 정지한다. 임금 인상이 그 **긍정적인** 경제적 기능의 이면에서, 그것[임금 인상]의 **부정적인**, 말하자면, **정치적인** 기능을 드러냈을 때, 다시 말해 확장하는 경제의 바로 그 내장 속에서 임금 인상이 노동자들의 대항하는 힘의 성장을 위한 수단이 되었을 때, 포드주의 패러다임은 파열되었다. 다른 한편 신경제 패러다임이 위기로 빠져드는 것은, 사회적 부의 생산양식들 그 자체가 잉여가치의 화폐화를 위한 (필수적인) 소득의 창출과 관련하여 중앙은행들에 의한 화폐규제의 자율성을 침식할 때이다.(Mayer, 2001을 보라)

1990년대 후반 첨단 기술주[*]에 대한 열기를 1600년대 초반의 네덜란드 튤립 열광과 비교하려는 유혹에서 벗어나는 것은 어렵다. 사이먼 샤마^{Simon Schama}는 다음과 같이 쓰고 있다.

> 가장 볼 만한 것은, 그리고 이 투기적 사건들^{breakouts} 중에서 가장 놀라운 것은 1636~37년의 엄청난 튤립 열광이었다. 그것은 매우 놀랍고 곤혹스러운 글쓰기의 주제였는데, 이는 어쩌면 튤립의 평범함과 이 꽃에 대한 과도한 대우 사이의 외관상의 부조화로 인한 것이었다. 이것이 암시하는 것은, 오직 매우 부르주아적인 문화만이 어쩌면 ― 말하자면 에메랄드나 아라비아의 종마보다도 ― 변변찮은 튤립을 전리품으로 선택할 수 있었을 것이라는 것이다. 그러나 17세기에 튤립과 관련해서는 평범한 것이라곤 아무것도 없었다. 그것들은, 최소한 처음에는, 이국적이었고 매혹적이었으며 위험스럽기조차 했다. 바로 이 지점에서 튤립의 희귀성은 대중 시

장을 위해 재배될 수 있을 것처럼 보였으며, 고삐 풀린 수요를 위한 잠재력이 실현될 수 있었다. 감식가의 견본에서 널리 접근할 수 있는 상품으로의 이러한 변형이야말로 그러한 열광을 가능하게 만들었다.(Schama, 1987, 350~351쪽)

튤립의 과잉생산 위기와 그에 수반한 투기 거품에 대한 역사적 설명이 여전히 아주 명확하진 않다 할지라도, 일부 관찰자들이 보기에, **스톡옵션** 같은 금융 수단들이 광범하게 사용된 이면에는 특정 경제 집단들의 목적이 존재할 수도 있다. 이 집단들의 목적은 점점 더 많은 사람들이 (당시 [진입이] 배제되었던) 시장에 진입하지 못하도록 막는 것이었다. 바로 이것이 튤립이 누구나 접근할 수 있는 표준화된 생산품으로 변형되었던 순간에 일어난 일이었다.

1990년대 동안 새로운 과학기술은 협력적·해방적 측면들 속에서 **일반지성**을 드러냈으며,[7] 상장지수 증권을 통해 부자가 될 **기회**를 의미했다. 대다수의 젊은이들에게 실리콘 밸리는 이주하고 싶은 장소로 작용했다. 그들은 자신들을 시험하기 위해서 그곳에 갔으며, 자신들의 인

---

7. 이 주제에 대해서는, 컴퓨터 혁명에 대해 역사적·문화적으로 빼어나게 재구성한 다음을 보라. M. Revelli, *Oltre il Novecento, parte II, Il dilemma dell'uomo flessibile.*

지적-생산적 자질들을 노동에 투입했다. 컴퓨터는 직접적인 망상적網狀的 협력의 힘이다. 컴퓨터의 '평범함'banality은 비물질적 재화의 이론적으로 무한한 생산을 위한 지렛대로 작용했다. 어떤 의미에서, 일반지성은 경제 회로의 '외부로부터' 도입되었다. 이것은 산업화 시대와 어느 정도 유사한 측면을 지니고 있다. 이 시대에는 때때로 이주민들이 수입되었다. 당시는 자본주의 회로 내부에서 이용되지 않았던 모든 생산적 자원들이 채택되고 소비되었으며, 정치적으로 볼 때, 임금은 명목상으로도 더 이상 인상될 수 없었다.

금융시장을 (비록 불공정하기는 하지만) 사회적인 규모에서 소득/수익의 창출을 위한 장치로 변형한 과학기술적 재화의 표준화는 상당히 고찰할 만한 가치가 있다. 리프킨이 말한 것처럼, 신경제에서 "차용과 임대의 형태로 재화와 용역에의 일시적인 접근이" (유형 또는 무형의) 소비재이건 자본재이건 상품들의 "구매 및 장기 소유와 관련하여 훨씬 더 매력적인 대안이 된다면"(Rifkin, 2000, 35쪽), 새로운 자본주의적 소유는 생활양식들에 대한 통제의 형태를 취한다(생산물은 더 이상 생활양식의 표현이 아니라 그와 반대로 생활양식이 생산물의 사회적 표현이 된다). 그렇다면 노동력에서의 문화적, 성적, 경제적, 민족적 차이들의 상품화는 노동력의 필수적인 언어적 조건에 기초한다는 결론이 나온다. 이런저런 언어 또는 문화가 아니라 언어 일반. 그것은 이런저런 상품의 사용/소비의 명령에 따라 그 자신을 생활양식에 맞춰 변형할 수 있는 능력이다.

이러한 생각은 우리가 신경제의 의해 전면화된 **수확체증** 이론을 이해할 수 있도록 해 준다. 혁신은, 그것이 평범하거나 우연적이라 할지라도, 그것[혁신]을 사회적으로 신진대사[변형]할 수 있는 (언어적) 역량이 미리 존재하지 않는다면 원유 누출처럼 누적적으로 확산될 수는 없을 것이다. 산타페 연구소의 복잡계 [경제학] 이론가인 브라이언 아서는 "이득을 남기는 것들"Them that has gets이라고 말했다. 보통 수확체증 이론을 설명하기 위해 이용되는 첫 번째 사례는 모든 타자기에 공통적인 표준 쿼티 자판이다.[8]

> 이것은 타자기 자판 문자를 배열하는 가장 기능적인 방법인가? 분명 그렇지 않다. 크리스토퍼 스콜스라는 공학자가 특별히 타자수의 속도를 늦추기 위해 1873년 쿼티 자판을 설계했다. 당시의 타자 기계들은 타자수가 너무 빨라 타이핑을 하면 엉키는 경향이 있었다. 그러나 레밍턴 재봉 기계 제조

---

8. 쿼티(QWERTY)라는 이름은 자판의 상위 열의 왼쪽부터 여섯 문자로 이루어져 있다.

회사는 쿼티 자판을 사용하는 타자기를 대량 생산했다. 이 것은 대다수의 타자수가 이 시스템을 배우기 시작했다는 것을 의미했다. 이것은 다른 타자기 회사들도 쿼티 자판을 제 공하기 시작했다는 것을 의미했다. 이것은 훨씬 많은 타자 수들이 이 자판을 배우기 시작했다는 것을 의미했다. 등등. (Waldrop, 1992, 114쪽)

제로에 가까운 한계 비용으로 무형의 재화를 생산하 는 회사가 이윤을 남기기 위해서는 절대적으로 자신의 제 품이 대규모로 이용될 수 있도록 만들 필요가 있다. 수확 체증 이론은 **일반적인 언어적 능력들과 관련된다**(가장 유 능한 타자수들의 **속도를 떨어뜨림으로써**, 쿼티 자판은 세계 인구의 언어적 능력들을 '노동하도록 강제'할 수 있었다). 그러나 그와 동시에 수확체증은 혁신들의 독점을, 지적 재산의 소유를 **전제한다**. 일반적인 언어적 능력은 이러한 소유가 없다면 재생산 가능한 부의 대중적 전유로 신속하 게 전화될 수 없다. 달리 말해, 이윤을 보장하기 위해서는 '우리들 각각의 내부에 있는' 추상적 타자수의 언어적 노 동은 임금 노동이 되어야 한다.

1980년대 초반 이래, 미국 정부가 승인한 특허의 수는 두 배가 되었다. 1999년 한 해에만 특허의 수는 161,000건 에 이르렀다. 국내 및 국외의 경쟁, 가령 아시아의 반도체 생산업체들과의 경쟁에서 자신을 보호하기 위해 미국의 테크놀로지 회사들은 점차 공격적으로 되었다. 그리고 미국 의회는 1994년 특허 출원을 위한 새로운 특허청을 설립함으로써 특허 보호를 위한 추진[압박]을 가속화했다. 포드주의 시대에 특허가 주로 독점적 회사들의 수중에 있는 도구들로 간주되었다면, 신경제 시대에 특허는 **일반지성**에 대한 자본주의적 통제를 보증하기 위한 수단이 되었다. 빌 게이츠에 대한 독점 금지 결정은 다음과 같은 정치적 모순을 드러냈다. 지적 재산의 법적 보호를 통해 이윤을 보장해야 하는 필요 그리고 경쟁에 가능한 최대한의 여지를 제공함으로써 혁신을 보장해야 하는 필요 사이의 정치적 모순 말이다.

퇴장과 다중

주기 형태의 합리성에 대해 지금까지 논의한 것을 개괄해 보자.

경제 체계는 다음과 같은 조건, 즉 우리가 **과당거래**라고 부르는 일단의 동력에 의해 추진되어야 한다는 조건에서 자신을 재생산할 수 있다. 신경제에서, 금융시장은 추가 소득(과당거래)을 창출하는 데에서 핵심적인 역할을 수행하며, 전 지구적 규모로 경기순환의 형태를 근본적으로 변경한다.

자본주의 경제에서 투자는 최종 소비가 증대함으로써, 그리하여 ─ 역설적으로 ─ 저축이 감소함으로써 이루어질 뿐이다. 주어진 고용의 수준에서 볼 때 이것은 논리적으로 불가능하다. 이것은 (소비와 정비례하는) 투자 인센티브와 (그와 반대로 소비에 반비례하는) 투자의 물질적 수단 사이의 모순을 반영한다. 체계는 고용 수준을 확장 또는 수축이라는 동일한 방향에서 수정함으로써 이러한 모순을 해결할 수 있다.

과당거래로 인해 경기순환은 불안정한 평형 상태를 유지한다. 그것[경기순환]은 한 방향으로 또는 다른 방향으로 움직인다. 그것은 확장하거나 수축한다. (자본의 유기적 구성이라는) 생산력들의 발전 논리와 모순되게 말이다.

신경제를 특징짓는 과학기술 혁명은 경기순환의 본성을 변화시켰다. 첨단 기술에 대한 투자의 편의성facility(금융화, 풍부한 벤처캐피탈, 낮은 화폐 비용, 나머지 세계로부터의 자본 유출, 강한 달러, 집단적 상상력 등등)은, 설령 이것이 확장 국면에 활력을 불어넣는다 할지라도, 새로운 (급여, 고용 수준, 이주 등에 의해 결정되는 고전적인 포화 한계와 비교해 볼 때 새로운) 포화 한계에 봉착한다는 의미에서 말이다. 이 새로운 한계는 **정보에 대한 새로운**

과학기술적 생산물들의 흡수/소비 능력이다. 과거의 경기 순환에서 생산수단의 생산자, 즉 부문 1의 성장은 최종 소비가 점점 위축되면서 방해를 받았다. 이러한 위축은 완전 고용의 한계점이 가까워짐에 따라 심해졌다. 새로운 경기 순환 속에서 새로운 과학기술에 대한 투자는 완전 고용의 한계점을 넘어 성장할 수 있다. 이것은 새로운 과학기술들이 비용을 낮추고, 새로운 과학기술들의 생산자들이 수익을 높이고 비용 한계를 0에 맞춤과 동시에 새로운 과학 기술들의 언어적 본성이 사실상virtually 무한한 잠재적 시장을 결정하기 때문이다.9 신경제 경기순환의 상위 한계를 표시하는 한계점은 더 이상 고용 수준에 의해 결정되는 물질적 소비(즉 최종 지출의 능력)가 아니라 비물질적 소비, 즉 대부분의 시간이 물질적 소비를 위한 소득을 벌어들이는 데 소비되는 사회에서 '잔여 시간'time remaining의 양이다. 정보재가 중요한 의미를 갖는 경제는 관심 시간 attention time을 필요로 한다.

더 많은 팽창력을 낳기 위해 한계점을 높이는 것은 전 지구적 복지를 발명하는 것을 의미한다. 전 지구적 복지에서 미활용 인적 자원을 고용하기 위한 소득 창출은 자유 시간,

---

9. 신흥개발국과 가난한 국가들은 물론이고 선진국들에서 아직도 인터넷에 연결되어 있지 않은 모든 사람들을 한번 생각해 보라.

실물경제로부터 벗어난 오락시간, 비경제적 시간의 **생산**을 목표로 한다. 신경제가 필요로 하는 것은 비경제적 시간이다.

　신경제는 주가와 회사 소득 간의 관계(주가수익률)가 수년 동안 보통의 투자가에게는 너무 높은 평균 이윤율을 가리킬 때 자신이 (경기후퇴 국면의 개시를 알리는) 상위 한계에 접근하고 있음을 깨닫는다. 이것은 시장들의 자기 지시성이 비유동성의 리스크를 사회적 규모로 증식하는 순간이다. 이것은 (맑스주의적 의미의) 퇴장退藏의 창궐로 귀결되거나, 또는 유동성에 대한 (케인스적인) 선호, 즉 투자 자제로 귀결된다. 다음을 주목하라. 즉 수요와 공급의 구조적 불균형이라는 테제를 더 한층 지지하면서, 이윤 실현의 어려움이 이미 분명해졌을 때, 말하자면 미판매 재고들이 이미 쌓여 있을 때 투자를 그만둔다는 점을 말이다. 수요와 공급의 평등을 깨뜨리는 것은 실제로는 유동성에 대한 선호가 아니다. 그와 반대로, 경기순환의 최종 국면에서 유동성에 대한 선호를 생산하는 것은 수요와 공급 사이에 현존하는 불균형이다. 실제로, 과당거래의 제거는, 주기가 수요와 공급의 동등함에 의거하여 발달했다면 이론적으로 존재하지 않는, 초과의 실존, 잉여가치의 실존을 드러내 보여준다. 매우 높은 주가 수익률에 대한 인식과 경기후퇴 국면의 실제 개시 사이에 (거의 1년이나 되는) 비교적 긴 시간이 신경제에 존재하는 이유가 바로 이것이다. 구매자의 파업에 대해 대가를 치르는 첫 번째는 주가수익률을 높은 수준까지 끌어올린 부문들, 다시 말해, 신경제에서는 커뮤니케이션 관련 자본재 부문에 속하는 회사들의 배당 몫들이다.[10]

신경제에서 금융시장의 중심성과 침투성은 퇴장退藏의 본성을 사실상 변화시킨다. 고도로 금융화된 경제에서 유동성에 대한 선호(즉, 이전에 고정된 화폐-자본을 소유하기 위한 증권의 판매)는 모든 사람들에게 동시에 실현될 수 없다. 판매하기 위해서는 구매 의사를 지니고 있는 누군가가 반드시 있어야 한다. 전 지구적 규모에서 보았을 때, 이것은 이론적으로도 현실적으로도 불가능하다. 이 '유동성의 역설'은 경제적 가치와 금융적 가치 사이의 모순을 드러낸다. 시장 증권들은 매우 구체적인 어떤 것의 추상, 즉 재화와 서비스를 생산하는 고정된 유형有形 자본의 추상이다. 생산적 자본의 고정성은 증권들의 유동성, 즉 유동 자본의 비고정성이 변화시킬 수 없는 소여所與이다. 전 지구적 유동성이란 존재하지 않는데, 그 이유는 전 지구

---

10. 컴퓨터와 주변 장치를 포함하는 산업 설비, 전자 통신과 반도체를 포함하는 전자 설비, 커뮤니케이션 서비스가 이에 해당한다. 2000년에 이 세 산업 부문이 도합 미국 이윤의 3.5%를 생산했지만, 1999년 말에서 2001년의 상반기까지 그들의 이윤은 70%로 늘어났다.

적으로 볼 때 시장은 생산적 자본에 돌이킬 수 없이 연루되기 때문이다. 오를레앙은 "유동성은 회사 재산을 투자가들 사이에 재할당하는 과정일 뿐이다."(Orléan, 1999, 47쪽)라고 말한다. 손실자들은 권력 없는 투자가들일 뿐이며, 생산적 자본에 대한 소유의 권력을 행사할 수 없는 주주들일 뿐이다. 퇴장退藏은 궁극적으로 물질적 부의 이동으로 귀결된다. 물질적 부는 소주주 대중들로부터 생산적 자본의 새로운 소유자들로 이동한다.

따라서 퇴장退藏은 개별적인 합리성과 집단적 합리성 사이의 모순을 드러낸다. 개별적 수준에서 합리적인 것(주식이 정점에 도달했다고 믿어질 때 판매하는 것)이 집단적인 수준에서는 합리적이지 않다(만약 모두 같은 시기에 판다면 [그것을] 살 수 있는 구매자들은 없다). 유동성에 대한 선호와 더불어 여론의 사회적 법률제정은 그 대립물로, 즉 다중의 합리성으로 전화한다. 고정된 유형 자본의 비중이 계속해서 퇴장을 사적 소유의 재할당 과정으로 만들기만 한다면 이 합리성은 가망 없는losing 합리성이다. 그러나 (금융 공동체와 정확히 반대되는 것으로 이해되는) 다중의 합리성이 혁신적이 되는 것은, 부의 생산이 오로지 일반지성 속에, 일반지성 자체의 행위자들의 신체들 이외의 어떠한 고정된 유형의 자본을 갖지 않는 산 노동의 협력 속에 집중될 때이다. 이 경우에 퇴장은 유동성보다 훨씬 더 추상적인 무엇에 대한 선호를 의미한다. 이것은 부에 대한 수요, 다양한 형태의 부에 대한 수요를 의미한다. 즉 다중 사이의 사회적 협력의 자유, 다중을 관통하는 언어들의 자유, 그것을 구성하는 특이성들의 자유. 그리고 그 자신의 신체에 대한 다중의 소유.

퇴장과 공황

역사적으로 볼 때, 공황은 전 지구적 규모의 퇴장退藏의 한 요소로서 기능했다. 그러나 10년 동안 신경제의 진화를 중단시킨 위기의 심각성에도 불구하고, 우리는 공황 요인의 충격이 감소하는 것에 놀라지 않을 수 없다.

그렇다면 다음과 같이 자문해 보자. 신경제 시대에는 어떤 팬pan 신, 자연의 어떤 목양신이 공황 체험을 야기하는가? 사유와 행위를 방해할 정도로 참을 수 없는, 탈인격화할 수 있고 비개인적 행위와 대중적 모방을 유도할 수 있는 공포가 낳은 강력한 불안의 발병을 야기하는가? 잠복해 있는 불안을 '해방하는' '전부 아니면 전무의' 본능을 생산하는, 즉 [그러한 본능을] 밝혀주는 '날것의 자연'은 무엇인가? "팬 신이 '여기에서' 자연의 신이라면, 그는 우리의 본능이다."(Hillman, 1972, 28쪽)

그의 전설적인 '자연성'naturalness에 관해서 볼 때, 팬 신이 자연 세계에 존재하지 않는 창조물(사실 그는 반인반수이다), 다시 말해 완전히 **상상적인** 창조물이라는 기정사실은 우리로 하여금, 그 내부에서 우리의 본능을 길들이는 '날것의 자연'을 하나의 은유로 규정하도록 해 준다. 융이 설명한 것처럼, 본능이 행동함과 동시에 그 행위의 이미지를 형성하고, 다시 말해 그 재현을 생산한다면, 공황이 발생시키는 탈인격화에 '지배되고 있다는' 느낌은 원시적이면서 동시에 지적인 행위의 경험을 구성한다. 우리의 공황에는 [그에 걸맞은] 방법이 존재한다.

우리는 금융 위기들(특히 1929년의 위기)의 계보학을 고찰함으로써 이러한 역설적 결론에 도달했다. 이 위기들은 투기와 같은 **합리성**의 폭발이었다. 케인스에 따르면 이 활동은 시장의 심리학을 예견하는 것, '군중을 속이는' 것이다. 케인스는 다음과 같이 쓰고 있다.

> 사람들은 개인적 판단이 무가치하다는 것을 알고 있기 때문에 어쩌면 더 정보에 밝은, 나머지 세계의 판단에 의지하려고 노력한다. 다시 말해, 다수의 또는 평균의 행위를 따르려고 노력한다. 개인들의 사회 심리학은 엄밀하게 말해 **관습적** 판단이라고 칭할 수 있는 것으로 귀결된다. 개인들 각자는 남들을 모방하려고 노력하고 있다.(Keynes, 1973, 114쪽)

개인적인 경제적 행위자와 타자들(투자가들/투기꾼들이라는 과감한 '군중') 사이의 **모방적 관계**에는 모든 사람이 지식을 결핍하고 있다는 점에서 나름의 합리성이 존재한다. 평균적 가치들을 나타내는 관습적 지표들이 더 이상 경제 체계의 작동 원리를 반영하지 않을 때, 금융시장에 특징적인 불투명성이, 진행 중인 경제적 변형과 관련하여 이제는 어울리지 않는 행위들을 유도할 때, 모방적 행위는 위기의 강도를 높이며, 그리하여 경제 과정의 근저에 있는 모순적인 논리, 즉 경제발전 내부의 위기의 내재성을 드러낸다. 따라서 공황의 기능적 양태는 공황 발작의 **필수적 조건이다.**

관습이 아무리 자의적일지라도 그것이 유지될 것이라고 우리가 확신할 수 있는 한, 모방적 행위는 완전히 합리적이다. "그러나 관습이, 사물에 대한 절대적인 시각에서 볼 때 아무리 자의적이라 할지라도, 약점을 가질 수밖에 없다는 것은 놀라운 일이 아니다."(Keynes, 1973, 153쪽) 공황 폭발, 즉 '위기에 처해' 있다고 생각되는 재산을 화폐 형태로 다시 소유하기 위해 은행 창구로 광적으로 몰려가는 것은 자본주의적 생산양식의 공황적인panicky 본성을, 이 생산양식의 내재적인 불안전성을 드러내는 것에 지나지 않는다. 화폐에 대한 공황적 수요는 시장 경제의 모순적 본성을 드러낸다. 모든 사람은 그 자신의 재산

[소유]으로 돌아감과 동시에 모방의 효과로 인해, 전염과 전염이 야기하는 반응으로 인해, 타자들에 더 가까이 접근한다.(Orléan, 1988)

위기의 폭력은 우리 내부의 '날것의 자연'의 비합리성을 반영하기는커녕, 경제발전의 변화된 사회적 조건들을 다루는 방법을 인식하는 데 있어서 관습들과 제도적 권력들이 지닌 부적절성에 대한 공포를 나타낸다. 동시에, 개인들이나 집단들이 지속적인 변형 과정에서 출현하는 아이디어들을 '열광적으로' 활용하는 것은 모든 권위로부터 자유로워지고 싶은, 과거의 노예 상태로부터 자유로워지고 싶은 잠재적 욕망을 나타낸다.

1793년의 테러는 신성한 테러들의 정점임과 동시에 그러한 테러들의 죽음의 전조前兆가 아닌가? 종교적 영혼이 아직도 대혁명의 모든 사건들과 행동들을 고무한다 할지라도, 그것은 또한 죽어가고 있다. 로베스피에르가 조직한 혁명적 향연의 실패에서 보이는 것처럼 말이다.(Depuy, 1991)

공황 개념에서의 의미의 모호함으로 인해, 참된 이름과 거짓된 경보의 혼돈으로 인해, 파국 이론가인 꼴로넬 샹드세Colonel Chandessais는 "공황은 존재하지 않는다."라는 단호한 결론을 내리기에 이르렀다. 히로시마에서조차 "몇

몇 일본인들을 호수에 뛰어들게 만든 공황이 존재했었는가 하는 것은 긴가민가하다."(Jeudy, 1997) 존재하는 모든 것은 공황의 이미지들이며 그 이미지들이 일으킨 매혹fascination이다. 그러므로 공황의 기원은 언제나 경보의 한 양태 그리고 위험 신호들의 해석에 의존한다. 그 안에는 공황의 언어적 차원이 존재하며, '단어들 위에서의 놀이'가 된다. 존재의 기원과 그 해체처럼, 공황이 대중Mass의 본질이자 동시에 대중 해체의 이미지라는 점을 고려한다면, 공황은 언어의 탈구[비분절] 및 그 재현들의 이미지이다. 엄청난 발한發汗, 창백함, 두근거림, 호흡 곤란, 전율보다 훨씬 더, 공황의 희생물이 되는 것은 말을 할 수 없다는 것을 의미한다. [말할 수 없다는] 그 공포는 너무나 격심해서 그로부터 자신을 보호해야 하는 어떠한 대상과도 동일시될 수 없다. 이러한 조건으로 인해 재현물들은 더 이상 생산될 수 없게 된다.

언어의 탈구는 포스트포드주의 사회에서의 공황 체험의 좌표들을 규정한다.(Virno, 1994) 이러한 체험은 또한 '날것의 자연'을 세계 일반이 모습을 드러내는 방식으로 규정한다. 융의 동시성 원리에 따르면 팬 신은 우리 내부이 자연을 '그곳에서 벗어난'out there 자연에 연결한다. 그러나 포스트포드주의 사회에서, 전체로서의 세계, 즉 모든 존재가 자리를 잡고, 모든 사건들이 일어나고, 모든 말이들리는 맥락은 본질적으로 **언어적인** 세계이다. 전체로서의 세계를 하나의 커다란 텍스트로 포함하는 소통적이고 담론적인 직조물인 언어는 우리가 물질적 맥락을 지각하고 세계를 체험하는 '날것의 언어'이다. 언어 **일반**, 즉 소통할 수 있는 **능력**faculty 또는 **역량**capacity으로서의 언어는 우리가 잃어버리기 두려워하는 어떤 것이다. 언어가 모든 면에서 상품들을 생산하는 수단이 되고, 그리하여 바로 우리의 삶들의 **물질적** 조건이 되는 포스트포드주의 맥락에서, 말할 수 있는 능력의 상실, 즉 '언어 역량'의 상실은 세계 그 자체의 소속감의 상실, 그 공동체를 구성하는 수많은 사람들과 '소통하는' 것의 상실을 의미한다.

공황이 말할 수 있는 역량의 상실 속에서 언어의 탈구로서, 그리고 대상의 이름을 부르거나 호출하지 못하는 신체적 무능력(실어증 또는 부전 실어증)으로서 모습을 드러낸 이후, 우리가 잃어버릴까 두려워하고 있는 것은 바로 그 언어의 능력, 즉 존재 가능성으로서의 언어이다. 야콥슨은 실어증의 경험을 '정체성을 벗어나 인접성으로 회피하는 것', 즉 언어의 지시성을 벗어나 맥락성으로 탈출하는 것으로 규정한다. 실어증의 경험은 언어와 세계의 관계를 포함한다.(Jakobson, 1971) 공황의 희생물이 될 때 사람은 각별히 어느 곳으로 달아나지 않는다. 그는 어디에서건 전체로서의 세계 속에서 피난처를 찾는다. 형태

없는 세계로의 이러한 대중적 탈출이 탈출로를 가득 메운다. 이것이 보여주는 것은, 뒤이어 모든 사람이 동일한 언어적 맥락에 관계될 때, 모든 사람이 동일한 재산, 동일한 언어적 능력을 박탈당하리라는 동일한 두려움을 가질 때 [탈출] 기회가 거의 없다는 것이다. 비르노는 다음과 같이 쓰고 있다.

> 공황의 공포는 사회를 유지하는 대인 관계 능력들과 개인적 전기 사이의 균열의 결과가 아니다. 그와 달리 공황의 공포는 일반지성에 대한 개인의 자성의^{magnetic} 부착, 더 정확히 말하자면 공간적 규제^{regulation}를 박탈당하기 때문에 자성인 부착에 연원을 둔다.(Virno, 1994, 74쪽)

공황 상황, 예컨대 극장에서의 화재 상황에서, 타자는 갑자기 실제의 적이 된다. 짓밟히고 숨 막히는 위험 속에서 타자의 모든 움직임은 내 신체에 대한 공격이 된다. 일반지성을 사적으로 사용하는 것이 그것의 사회적 본성과 충돌한다고 말하는 것에서 알 수 있듯이, 언어적 노동의 분할[분업]을 체현하고 있는 개별 신체는 타자의 신체를 하나의 장애물로 간주한다. 극장은 단지 외면상으로만, 다수의 사람들이 언어 능력을 행사하고 있는 장소였다.

파국 전문가들은 사람들이 임박한 그 위험^{danger}을 믿지 않고 그들의 재산을 포기하기를 원하지 않으면 않을수록 우발적인 위험요인risk, 그리하여 있을 수 있는 파국을 막는 것이 더 가능해진다고 이야기한다. 소통을 통해 작동하는 매우 언어적인 맥락에서, 위험요인의 우발성을 막는 저항은 가능하다. 만약 거짓 경보와 진짜 경보를 구별하는 것이 가능하다면 말이다. 공유된 합리성에 기초해서 단순한 숫자의 형태로 종합하는 척도들benchmarks, 즉 지표들을 해석할 수 있는 능력이 가능한 것은 오직 개인의 저항이 동시에 다수의 저항인 경우, 파국의 경보 신호에 대한 해석이 다중과 소통하고 다중을 보호하는 언어의 사용을 통해 일어나는 경우뿐이다.

(포스트포드주의적인 상품의 생산 및 유통 시스템 같은 언어적이고 전 지구적인) 고도의 체계적 위험요인의 맥락에서, 언어적 저항은 강력하고 합리적이며 거짓 신호들로부터 독립되어 있다. 만약 이 저항이, 결과적으로 전체화하는 언어를 재생산하지 않고 지배적인 언어와 겨루는 데 성공한다면 말이다. 만약 이 저항이 자신이 맞서 싸우고 있는 것 ― 개인적 행위들의 파국적 승인 ― 을 부정적인 형태로 재생산하지 않는 '전쟁기계'로서 기능한다면 말이다. 전쟁기계는 오히려 의미 영역의 내파implosion, 등가물들과 정체성[동일성]들 영역의 내파를 재생산한다. 민중으로서의 공동체는 파국적이고, 정신적으로 병이 들어 있

지만, 다중으로서의 공동체는 '잘못되는 한이 있다 할지라도'(Deleuze, 1993) 건강 상태가 양호하다.

그러나 포스트포드주의 사회의 특징은, 정의definition상 공통으로 사용된 지표들이 충분하게 재현하지 못하는 고차원적인 체계적 복잡성이다. 이러한 포스트포드주의 사회에서 모방적 행위의 합리성은 거짓 경보로부터, 그리고 대중매체에 의해 계속해서 전달되는 공황의 전형적인 재현물들로부터 다중의 공동체를 어떻게 보호해낼 수 있는가? 모든 것이 실제적이고 진정한 파국들의 생산을 감행하는 모방적 행위들의 최적의 조건들을 창출하는 것처럼 보일 때 다중은 어떻게 자신을 공황으로부터 보호할 수 있을까?

이 물음은 무책임한 정치적 선택들에 의해, 즉 임박한 재앙이 우리가 살고 있는 세계를 파괴할 수 있다는 느낌을 만들어내고 확산시켜 온 **구체적인** 선택들에 의해 오랫동안 생산되어온 사회적, 문화적, 경제적, 생태학적 손실의 역사에 대한 암묵적인implicit 거부로 이해되어서는 안 된다.(Davis, 1999) 오히려 우리가 해야 할 것은 불안을 공황으로 바꾸고, 다중의 행위를 그 자체 파국적인 획일적 행동으로 바꾸는 그 논리에 들어 있는 *사회적 부정의*와 *자연적 무질서*를 어떻게 피할 수 있는지 설명하는 것이다.

아시아의 위기, 20세기 말의 밀레니엄 버그, 그리고 신경제의 바로 그 위기가 보여주는 것은, 대중매체에 의해 반복적으로 전달되는 금융 붕괴와 전자적 파국 시나리오들이 공황적 행위를 유발하지는 않았다는 것이다. 예를 들어, 아시아의 위기 동안 분석가들은 수백만 명의 저축인들의 지혜에 놀라움을 나타냈다. 그들은 체계가 빠진 위험요인의 경보 신호의 공세에도 불구하고 연금기금이나 상호 투자 기금에서 예금을 인출하기 위해 몰려들지 않았다. 밀레니엄 버그 신드롬이 만든 파국의 분위기는 이런저런 전염적인 행위를 낳지는 않았다. [예금을 인출하기 위해 몰려드는] 이러한 전염적인 행위는 사람들을 정말로 두려움에 빠뜨릴 수도 있었을 것이며, 그리고 그 위험요인의 거짓이나 참과 상관없이 실제로 파국을 유발하고, 파국을 불가피하게 만들었을 것이며, 분명 복지를 파괴하도록 만들었을 것이다.

금융시장의 도취감이 세계적인 금융 붕괴의 유령을 불러낸다. 1920년대의 주식시장의 성과에 대한 금융-경제적 지표들과의 비교들이 엄청난 규모의 붕괴에 대한 두려움을 정당화해 준다. 이러한 상황에서, 상승하는 주가를 투기의 이상 과열이 반영된 것이 아니라 사회적 생산에서의 실질적인 성장으로 간주하는 사람들의 이성reason은 절대 파국의 위험요인으로부터 우리를 보호할 만한 이성이 아니다. 결코 군중들을 이길 수 없으며, 게다가 시장의

'비합리적인 예측들'의 논리를 이긴 사람들의 사례는 거의 없다.

문제는 더 이상 객관성과 주관성의 관계와 무관하다. 즉 그것은, 한편으로 실물 경제와 그에 상응하는 금융 체계에 대한 분석 그리고 다른 한편으로 '위험요인의 의미론'에서 일어난 변화 사이의 관계와 무관하다. 루만(1996)에 의하면, 리스크 성향risk orientation의 사회적 확산, 즉 화폐경제의 리스크 중독은 리스크와 위험, 체계와 환경, 거래transaction와 관측observation의 구별을 더욱더 어렵게 만든다. 화폐 경제 속에서 '인플레이션 없는 성장'은 상장上場된 회사들로의 자본의 직접적인 유용流用을 강제한다. 루만식의 위험요인의 사회학에 따르면, 주식 투자를 결정함으로써 심각한 위험요인에 노출되어 있는 사람들은 금융시장의 도취감과 그것을 유지하는 모방 논리에서 기인하는 금융 손실 위험에 완전히 다른 방식으로 반응해야 한다. 이것이 사실이라면, 오염된 주식시장 환경의 위험들을 축소시키는 것을 목표로 하는 중앙은행의 책략들은 주식시장 게임에서 개별 투자가들의 리스크 경향을 줄이는 데 도움을 주어야 한다.

문제는 바로 이것이다. 실실적 부와 금융적 부 사이에 상이한 비율을 안정시키기를 원한다 할지라도 중앙은행에 의한 금리 상승이 투자가들을 안심시키는 데 충분하지 않은 것처럼 보인다는 것이다. 금리 상승은 투자가들의 마음을 바꿔 그들이 저축을 (수익성이 낮지만 보다 안정적인) 주식으로 이동하게 하는 데 한계가 있다. 화폐 당국 (즉, 국가)으로부터의 상대적 자율을 확립하기 위해서 다중은 화폐 지표들의 **통일성**에 맞서 자신을 배치해야 한다. 시장을 '정상화하고', 중앙당국의 높은 위치에서 시장을 규제하기 위해서는 파국을 **유발해** 다수 사람들의 행위가 균일하게 되는 공황을 발생시키는 것이 필요하다. 다중을 동일한 논리로 통일된 민중으로 변형하는 것이 필요하다.

화폐적 주권의 위기, 즉 화폐적 집합체에 영향을 미칠 수 없는 중앙은행의 무능력은 '최종심에서의' 합법적 화폐대부자로 기능하는 국가의 역할을 소진시키지는 않는다. 오히려 그것은 금융 소득 과정에 국가를 포섭하여 화폐 정책을 금융시장의 의존변수로 바꾼다. 부의 생산 및 교환이라는 포스트포드주의적 건축물은 다중의 **공간**을 언어 속에 구축했다. 다중은 화폐의 형상effigy이자 화폐 주권의 형태이다. 다중은 팬 신을 죽인 뒤에는, 작은 악마들처럼 우연적인 사건들에 출몰하는 화폐 신들로부터 자신을 보호하는 법을 배워야 한다.

해체와 일반지성

2001년 8월 7일 『파이낸셜 타임즈』는 이제는 세계적으로 알려진 「노 로고」라는 제목의 리처드 톰킨스의 기사를 싣는다. 나오미 클라인의 책[『노 로고』 *No Logo*]이 수개월 동안 세계적인 베스트셀러였지만, 이 신문의 논설위원[리처드 톰킨스]은 클라인을 언급하지 않는다. 상징적인 것의 정치학이 '시애틀 민중'의 저항 운동의 두드러진 특징으로 간주되었던 것처럼 말이다. 『파이낸셜 타임즈』의 분석 목표는 『비즈니스 위크』가 발행한 자료에 기초해서 신경제의 위기/변형이 일부 세계적인 은행의 ATM 기계를 박살내는 어떤 블랙블록[11] 항의자보다도 훨씬 더 효과적임을 밝히는 것이다. 2000~2001년의 평가에 포함된 74개의 브랜드들 중에서 41개가 가치를 상실했으며 전반적인 손실은 5%에 이른다. 2000년 3월 위기가 시작된 날 이후, 490억 달러가 연기 속으로 사라졌다. 이 붕괴에는 아마존닷

---

11. [옮긴이] 블랙블록(Black Block)은 검은 옷, 스카프, 스키마스크, 패딩이 달린 오토바이 헬멧, 또는 기타 얼굴을 가리는 것들을 입거나 쓰거나 걸치는, 항의와 행진 전술이다. 이런 식의 의복 착용은 행진하는 사람들의 신분을 숨기는 데 이용되며, 그들이 하나의 거대한 통일된 대중으로 보이도록 하며 연대를 증진하도록 해준다. 이 전술은 스쾃, 원자력 발전, 낙태 금지 등에 반대하는 1980년대 유럽의 자율주의 운동의 항의들에서 발전되었다. 블랙블록은 1999년 WTO 반대 시위들 동안에 유럽 외부에서 광범한 미디어 관심을 받았다.

컴, 델, 노키아 같은 디지털 자본주의의 아이콘들뿐만 아니라 코카콜라(5% 이하), 맥도널드(9% 이하), 질레트(12% 이하), 나이키(5% 이하) 역시 포함된다.

1990년대에 이러한 크기의 상징자본(브랜드의 가치)의 위기는 상상할 수조차 없었다. 베를린 장벽의 붕괴 이후, 이전에는 금단의 열매로 간주되었던 미국 다국적기업들의 브랜드가 구사회주의 국가들에서 온 수백만 명의 새로운 소비자들을 매료시켰다. 그러나 1990년대 후반기에 전 지구적 자본주의의 상징들과의 연애는 위기의 가시적인 징후들을 보여주고 있다. **지역** 브랜드들이 전 지구적 브랜드들보다 더 잘 먹혀들기 시작한다. 소비자들과 생산자들은 국민 기업들의 상징들을 선호한다. 우리의 국민 전통을 왜 **양키들**에게 팔아넘기는가? 바로 몇 년 뒤 구 사회주의 국가들에서 미국화의 효과들은 일정한 민족주의적 정신을 일깨운 것처럼 보인다. 2000년에 중국의 10대 광고 생산품들에는 코카콜라와 프록터앤드갬블P&G과 함께 지역 브랜드들이 포함되었다.

달리 말해, 로고는 지역화 경향을 띠는 것처럼 보인다. 다국적기업들은 분명 신흥 시장들로부터 철수할 생각이 없다. 7월 맥도널드가 신흥 공업국들에서 250개의 매장을 폐쇄하기로 결정하고 프록터앤드갬블이 북미에 집중하기 위해 해외의 생산 용량을 절감한다 할지라도, 전 지구적인 로고의 위기는 1993년 '말보로의 검은 금요일'이 야기한 것과 유사한 전략적 재고찰을 반영한다.

> 1993년보다 6년 앞서 나이키는 7억 5천만 달러[를 벌어들이는] 회사에서 40억 달러[를 벌어들이는] 회사로 성장했으며, 필 나이트의 비버톤, 오레곤은 시작할 때보다 900% 이상 이윤을 냄으로써 불경기에서 벗어났다.(Klein, 1997, 16쪽)

클라인의 말에 따르면, 이때부터 계속 브랜드는 "환경을 흡수하여 환경에 따라 자신을 개조할 수 있는 문화적 스폰지"가 된다. 브랜드는 욕망들, 환상들, 생활양식들을 상품화하고 비물질적인 것을 자본화하기 위해 공장으로부터 그리고 국경으로부터 자신을 해방시킨다.

2001년의 로고 위기가 보여주는 것은 대중 마케팅의 증대하는 복잡성이다. 런던의 시장 조사 회사의 회장인 마틴 헨리에 따르면, "사람들은 '정상적'인 것으로 보이길 원치 않는다. 모든 사람은 개인으로 보이길 원한다." 상징 자본주의의 개인화, 대량 맞춤화mass customization는 전 지구적 경제의 상징적 지역화에 해당한다. 한편 새로운 제품의 연간 공급량의 승가(2000년 미국에서만 약 31,432개의 새로운 제품들이 출시되었다)로 인해 상징 자본은 '지역적' 분배 전략들을 발전시킬 수밖에 없다. 다른 한편, 상징 자본의 미시물리학은 시민-소비자의 특이화의 결과이다. 과도한 집단적 상상력으로부터의, 과도하게 전 지구적인 생활 형태들로부터의 탈출의 결과이다. 역설적이게도, 브랜드의 지역화/지방화는 공동체주의적communitarian 상상력이 처한 위기를 보여준다. 1990년대 나이키의 브랜드 전략에 의해 전 지구적으로 착취를 당했던 소비자 민중은 마침내 생활 형태의 영화靈化, spiritualization에 맞서는 저항의 다중으로 전화되었다.

'로고 거부No Logo 민중'은 공적 공간의 사유화에 반대하는, 다국적인 소비재 생산자들이 만든 상징적 상품화에 반대하는 항의 전술을 구사하면서 스스로를 구성해 오고 있다. 클라인이 묘사한, 로고에 반대하고 노동력에 대한 세계적인 착취 회로에 반대하는 항의자들은 '반세계화' 운동의 전 지구적 성장에서 지렛대로 작용했다. 루이사 무라로Luisa Muraro에 따르면, 이러한 이유로 인해 이 운동의 노 로고는 다음과 같은 정치에 관련된다. "이 정치는 스스로를 경제에 한정하지도 않으며 권리를 가지고 경제를 수정하려고 시도하지도 않는다. 이 정치는 더 자유롭고 개인적인 생활방식과 협력적 생활방식[함께 살아가기]을 위해 욕망과 관계 위에서 작동한다." 관계들을 위한 욕망 및 욕구라는 미시적 수준을 위해 거시적 수준을 포기함으로써 전 지구적인 상징 자본이 보여주는 것은 소비자들의 '소통적-관계적 행위'의 중심성에 대한 (이미 소모된) 인식이라기보다는 다중의 상상력을 상품화하기 위한 전략들의 탐색이다.

달리 말해 로고의 전 지구적 위기가 암시하는 것은, 다중의 신체의 **정치적 규정**이라는 바로 이 지형 위에서 저항운동의 미래가 펼쳐질 것이라는 점이다. 집단적 의식을 자본주의적으로 활용하는 것을 비판함으로써 전 지구적인 운동이 되어버린 [이] 운동의 상징적 정치학은 무엇인가? 상징적인 언어적 수준에서 스스로를 조직하고 구체적으로 투쟁했던 이 운동의 신체는 무엇인가?

『파이낸셜 타임즈』와 나오미 클라인의 경제 분석들의 정치적 허약성을 웃음거리로 만드는, 냉소적으로 도발적인 「프로로고」라는 제목을 붙인 사설에서, 『이코노미스트』는 무엇이 문제인지 분명히 보여준다.(*Economist*, 2001.09.08) 로고는 소비자와 생산자의 **권력**이다. 자본주의적 기업들이 언어적-소통적 층위에서 열심히 **작용함으로써** 정복해야 하는 소비자의 충성, 성실, 신의에 기초한 권력이다. 로고의 권력은 말 그대로, 전 지구적 경제의 공간을 **구성했다**. 제조된 상품들을 미지의 땅으로 가져가 그것들을 가장 발전한 경제의 임금 노동자들에게 **알려시게** 히면서 말이다. 『이코노미스트』에서 약간 아이러니하게 말하고 있는 것처럼, 바로 이런 이유로 **로고에 반대하는** 항의는 반세계화

항의 운동이 전 세계에 알려지게 했다. 달리 말해 로고의 권력은 로고와 노 로고 사이의, 자본의 권력과 '아래로부터의 세계화' 사이의, 상품들의 **사용가치**와 그 운동의 살아 있는 신체 사이의 대칭적인 ─ 나쁘게 말하자면 **변증법적인** ─ 관계를 수립하려는 데 있다.[12]

따라서 반세계화 운동의 한계들은 정치적이다. 이 운동이 권력의 상징적 정치학의 지형 위에서 성장하려고 노력하는 가운데 전 지구적 자본주의의 작동들에 대한 분석의 한계에 직면했다는 의미에서 그렇다. 따라서 반세계화 운동의 전 지구적 차원은 자신을 하나의 항의 운동으로 축소할 위험이 있다. 이 운동이 정의定義상 소수자 운동이 되는 것은 지도자들이 협상이라는 매우 공허한 논리에 사로잡히게 되면서, 그 운동이 세상에 널리 알려지게 될, 바로 그 때이다. (IMF, WTO, 국민 정부, 『파이낸셜 타임즈』, 『이코노미스트』의) 제한 완화[개방opening up]의 물결은, 즉 이 운동과의 대화 시도는 [그 운동] 내부에 이 모든 것들을 하나로 결합한다. 제노바의 G8 회담 **이후, 제로 공공 적자**와 조세수입을 지역 당국으로 전환하는 것에 관한 (경제 장관인 까발로 자신이 IMF에 '민주적으로' 제시한) 조항들과

---

12. 이 문제에 대해 클라인은 정치적으로 인식하고 있으며, 이 문제는 『노 로고』의 500쪽에 걸쳐 배경 속에서 어렴풋이 보이고 있다.

함께 IMF와 아르헨티나 정부가 합의한 일괄 조처는 IMF가 제노바 회담 이전에 아시아나 라틴 아메리카 국가들에 강제한 모든 '구조조정' 조처보다 훨씬 더 자유주의적이다.

신경제의 위기의 근원에 대한 분석을 통해 우리는 자본주의적 세계화와 전 지구적인 항의 운동 사이의 특수한 차이를 확인할 수 있게 되었다. 앞에서 설명하려고 시도했던 것처럼, 신경제에는 다음과 같은 특별한 요소가 있다. 신경제는 직접적인 상품 생산 영역에서 그리고 동시에 화폐 및 금융 영역에서 언어의 **생산력**에 의해, 소통으로 고취되는 생산양식이다. 그러므로 우리는 신경제의 생산 및 분배의 언어적 좌표들 내부에서 모순들과 사회적 갈등 형태들을 찾아야 한다.

우리는 **관심경제**가 어떻게 정보 접근을 위한 과학기술적 장치들의 성장률의 결과인지, 그리고 재화와 용역의 공급에 소비자들의 관심을 포획하는 장치들을 덧붙이기 위한 욕구need의 결과인지 살펴보았다. 공급의 측면에서, 신경제는 그 자본재의 무형성과 재생산 가능성에 의한 **수확체증**(예를 들어 소프트웨어의 복제를 위한 무한한 가능성들)을 특징으로 한다. 하지만 재화와 용역의 수요 측면에서, 관심(그것의 할당)에는 수확체감이 일어나는데, 이것은 관심이 매우 사라지기 쉽고 희귀한 상품이기 때문이다.

신경제는, '자율의 전환'[13]과 '노동의 개별화'를 위한 경영 기법을 가지고, 포드주의-테일러주의적 노동에 반대하는 저항 및 항의를 극복하려고 시도한다. 신경제는 이를 통해, 유연하고, 인지적이며 소통적인 노동, **일반지성의 산 노동**을 낳았다. 이 노동은 인간의 언어적 협력을 중심으로 하는, 사람들의 생생한 상호작용과 분리 불가능한 개념 및 논리적 도식들의 생산적 회로를 중심으로 한다. 이러한 자율과 책임의 전환은 노동에 바쳐지는 시간의 증가, 그리고 정보재의 총공급을 흡수하는 데 필요한 관심 시간의 양의 감소로 귀결되었다.

관심 공급과 [관심] 수요 사이의 **불균형 위기**는 구조적이다. 이러한 간격이 인간적일 뿐만 아니라 본성상 **화폐적**이라는 점을 감안한다면 말이다. 만약 관심을 제어하기 위해서 (지적 재산권을 유지하는 것 외에) 점점 더 많은 화폐를 투자하는 것이 필요하다면, 경쟁을 제거한 뒤 공급을 판매/실현하기 위해서는 수요의 측면에서, 즉 관심의 소비 측면에서, 시장이 공급한 정보재를 구매할 수 있는 처분 가능한 충분한 소득이 있어야 한다. 그러나 **관심경제**에서 소득은 늘어나기는커녕 노동에 바쳐진 시간의 증대하는 양에 비례하여 **감소한다**.

---

13. [옮긴이] 소비자나 참여자의 자율을 착취의 새로운 자원으로 활용하는 신경제의 전략을 가리키는 것으로 보인다.

정보의 공급과 관심의 수요 사이의 불균형은 **자본주의적인 모순**이다. 이것은, 상품임과 동시에 화폐이어야 하는, 가치형태의 모순이다. 점점 (틈새시장을 개척하는 데 필요한) 정보에 의해 추가되는 상품과 점점 유효 수요를 증대시키지 않은 방식으로 분배되는 화폐-소득 사이의 모순이다. 1990년대의 금융화는 추가 소득을 낳았다. 하지만 그것은, 그러한 소득을 불공평하게 분배하는 것 외에, 고용 안전성과 임금 정기성을 **파괴함으로써** 그러한 소득을 창출했으며, 따라서 무형의 재화와 용역의 소비보다 일자리 탐색에 더 많은 관심을 기울이는 데 그러한 소득을 쓸 수밖에 없게 함으로써 노동자-소비자의 관심 결핍을 악화시키는 데 기여했다.

금융 소득을 위해 금융시장이 부과한 조건은 사실상 다운사이징, 리엔지니어링, 아웃소싱, 인수합병 등을 조장했다. 이것들은 노동력의 사용가치 손실보다 교환가치를 상실할 위험에 더 많은 관심을 기울임으로써 노동력을 더 불안정하게 만들었다. 포스트포드주의 공장에서, 정보재 생산에 필요한 자본은 노동력에 의해 가동되는 자질들의 보수에서 공제되었다. 노동인구가 관심의 생산자일 뿐만 아니라 소비자라는 점, 그리고 그들이 급여비용salary cost일 뿐만 아니라 소득이라는 점은 고려되지 않았다.

댄 로버츠는 『파이낸셜 타임즈』의 칼럼에서, 무슨 일

이 일어난 것인지, 즉 지적인 사람들이 어떻게 그렇게 요란스럽게 잘못된 일에 홀딱 빠지는 것이 가능한 것인지 자문한다. 그러나 신경제는 하나의 역사적 실수oversight가 아니다. 그렇기는커녕 신경제는 자본이 포드주의 공장을 파괴한 결정의 결과이자 인지 노동을 흡혈한 결과이다. 자본은 공적 공간을 상징적으로 식민화했으며, 그와 대칭적으로, 노동인구와 관계 맺고 노동인구와 소통할 수 있는 [숙련]기술들, 노하우, 지식, 열정, 정서, 능력을 노동에 집어넣었다.

신경제의 위기는 다음과 같은 특수성을 갖는다. 전자 설비의 해체scrapping는 이 설비에 통합되어 있는 지식을 파괴하지 못한다. 오늘날 일반지성은 산living 지식으로, 다중의 신체 안에 남아 있는 협력의 역량으로 이루어져 있다. 모든 고정자본은 중고 설비 시장에 내다 팔 목적으로 그 자본의 일부를 이용하기 위해 분해되지만 말이다. 예전에 토마토가 높은 가격을 유지하기 위해 그리고 노동인구의 임금을 낮추기 위해 파괴되었던 것과 꼭 마찬가지로, 오늘날 사회적 소통의 수단들은 일반지성의 신체의 평가를 절하하기 위해 해체된다.

위기 이후에 자본은 다시 일반지성을, 지구 전체에 널리 분포되어 있는 그 기동적인mobile 신체를 추구할 수밖에 없을 것이다. 그러나 그러는 가운데, 즉 자본주의가 그 위기에서 탈출하기 전에 지속되는 시간 속에서, 이 다중의 신체는 자신을 돌보는 방법을 배울 기회를 갖는다. 이 다중의 신체는, 자본의 열광적 비합리성으로부터 스스로를 분리시키는 시간적 공간temporal space 내부에서 잘 지내는 방법을 배울 것이다.

4장

전쟁과 경기순환

쌍둥이 빌딩과 펜타곤에 대한 테러리즘 공격이 있었던 9월 11일로부터 정확히 6개월 뒤에 내가 이 글을 쓰고 있을 당시, 모든 기술 지표들은 경기 후퇴가 끝났음을 보여주고 있었다. 만약 경기 후퇴가 끝난 게 사실이라면 이는 지난 50년 간 가장 짧은 경기 후퇴가 될 것이다. 그렇지만 과거처럼 경기회복에 뒤이어 즉각적으로 (경기순환에 W자 모양을 부여하는) 퇴보가 이어질지, 아니면 지속적인 회복이 이루어질지(이 경우 경기순환은 V자 모양을 띤다) 판별하는 것은 아직 가능하지 않다.

이 '놀랄 만큼 완만한' 경기 후퇴와 관련하여 『비즈니스 위크』는 "미국 경제가 진짜 변했다"고 말하고 있다. (The Surprise Economy, 18 March 2002) 흥미롭게도, 신경제의 위기를 선언하는 분석들은 9월 11일 이후 전쟁이 계속 일어났었다는 사실에 대해서 고려하지 않는다. 비록 즉각적으로 지각될 수는 없지만 경제에 미친 이 전쟁의 영향들은 중장기적인 거시경제적이고 정치적인 맥락의 전반적인 재규정 속에서 여전히 참작되어야 한다.

하지만, 테러리즘 공격에 곧바로 뒤이어, 수많은 관찰자들은 다음과 같이 생각했다. 이 공적 부문에 대한 사적 부문의 수년간의 지배 이후 방위, 항공과 보험(그 공격에 특히 피해를 본 두 개의 사업 부문), 혁신(연구와 개발에 대한 더 많은 공적 투자), (시장에 대한 개선된 규제를 통한) 금융, 그리고 국내 안보 같은 부문에서 케인스주의적 유형의 정책들로써 경제가 다시 부양되어야 한다는 것이다. 미국 정부의 대응은 확실히 즉각적이었고 실질적이었다. 비록 방어에는 한계가 있었고 가장 견고한 사업 부문이 공격을 받았지만 말이다. 그러나 오늘날, 최소한 부분적으로라도 경기 후퇴의 종말을 설명하는 데에는 '전시 케인스주의'로의 이러한 회귀조차 고려되지 않는다.

그렇다면 오늘날의 분석들을 따라 어떠한 요인들이, 기억건대 2000년 3월에 나스닥의 붕괴와 더불어 시작했던, 그리고 당시 1/4분기의 마이너스 성장을 기록했던 위기로부터 신경제를 끌어내는 데 가장 많이 기여했는지 살펴보자.[1]

우리는 미판매 재고들의 축적과 함께, 특히 (그뿐만 아니라) 새로운 과학기술 부문에서 위기가 어떻게 모습을 드러내는지 살펴보았다. 우리는 또한 이 과잉생산의 위기가 어떻게 유효[한] (해결 가능한) 수요의 결핍을 드러내는 것 외에, 관심[주목] 경제에 깊게 뿌리박힌 새로운 현상을 밝혔는지 살펴보았다. 재화와 용역의 공급을 흡수하기 위해 통신 기술의 자극을 받은 경제는 충분한 양의 관심 시간을 가지고 있는 소비자들을 필요로 한다. 신경제가 사실

---

1. 2001년 3/4분기 동안에 미국의 GDP는 1.3% 하락했다.

상 (모든 삶이 노동에 처해진다는 의미에서) 노동시간뿐만 아니라 비노동시간이나 생활시간을 소비하는 경제라는 점을 고려하면, 신경제의 위기가 경제적 시간과 생활시간 사이의 모순에 의해 결정된다는 결론이 나온다. 달리 말해, 위기는 '경제의 과잉'으로 인해, (프랑코 베라르디를 빌려 말하자면) 사이버 공간과 사이버 시간 사이의 불균형으로 인해 폭발한다.

2001년 동안 투자재(기계, 새로운 과학기술)에 대한 수요의 하락에 직면하며 미국 경제는 자신의 미판매 재고들을 과감하게 축소했다. 예를 들어 신경제의 한 상징인 시스코 시스템Cisco Systems 2에서는 재고들이 1년 동안 60%로 줄었고, 3M3에서는 57%가 줄었다. 그러나 재고들은 경제 전반에 걸쳐 같은 속도로 줄어들었다. 그리고 재고들이 줄면 경제는 생산이 하락하고 따라서 고용도 감소한다는 의미에서 힘을 잃는다. 축적된 재고들의 감소만으로도

---

2. [옮긴이] 미국 캘리포니아 주 산호세에 본사를 둔 시스코는 1984년 스탠포드 대학교의 컴퓨터공학 연구원이었던 렌 보삭(Len Bosack)과 샌디 러너(Sandy Lerner) 부부에 의해 창립되었다. 회사 이름인 시스코는 샌프란시스코에서 따온 것이다. 시스코시스템스는 멀티네트워크 프로토콜을 지원하는 라우터를 최초로 상업 판매해 성공한 기업이다. 라우터 혹은 라우팅 시스템은 패킷 필터링을 통해 트래픽의 전송을 허가 또는 거부되도록 통제하는 시스템을 말한다.

3. [옮긴이] 사무용품, 의료용품 등을 제조하는 미국 기업.

미국 GDP 성장률의 1% 포인트가 빠졌다.

이러한 규모의 재고 감소는 소비, 특히 내구재 소비의 유지에 의해 가능해졌다. 자동차와 주택에 대한 수요, 그리고 인플레이션[4]이 약화시키지 않은 지속적인 구매력 등으로 인해 경제는 금융시장의 위기가 어떤 회복의 기회도 날려버릴 것처럼 보였던 국면에서 견딜 수 있었다. 실제로, 소비의 안정적 수준을 유지하기 위해 대다수의 사람들이 (예를 들어 기존 담보 대출을 더 낮은 담보 대출로 바꿈으로써) 빚을 지도록 했던 것이, 2001년 동안 연방 준비제도이사회로 하여금 11차례나 금리를 낮추도록 강제했던 바로 이 금융시장의 위기이다. 확장 국면에서, 주식시장에서의 금융 소득은 고소득 계급의 수중으로 과도하게 집중되었다. 이들은 한계 소비 성향[5]이 낮으며, 따라서 경기 후퇴 국면에서 높은 수요를 유지하는 데 기여하지 않는 사람들이다.

소비 외에 경기후퇴를 끝내는 데 적극적인 역할을 했

---

4. 우리가 앞에서 본 것처럼 인플레이션의 영구적인 **구조적 축소**는 포스트포드주의 생산양식의 1차적 특징이다.

5. [옮긴이] 소득의 증가분에 대한 소비의 증가분을 나타내는 계수로서 일반적으로 소득수준이 낮을 때에는 높게 나타나지만 소득수준이 높아짐에 따라 하락하는 경향이 있다. 다음과 같은 계산식을 따른다. 한계소비성향 = 금년도 최종소비지출-전년도 최종소비지출 / 금년도 국민총가처분소득-전년도 국민총가처분소득.

던 또 다른 요인이 **노동 생산성**이다. 2001년 4/4분기 동안 노동 생산성은 5% (그리고 1년 평균 2.4% 비율로) 성장했다. 보통 경기후퇴 때에는, 생산 절감으로 인해 생산성이 떨어지지만 이번 경기후퇴에는 그렇지 않았다. 이것은 매우 중요한 사실이다. 왜냐하면 그것은, 낡은 재고들을 소진한 후에 새로운 재고를 쌓아가는 회복 국면에, 재화와 용역의 가격을 올리지 않고 오히려 (이것이 요점인데) 단지 더 높은 노동 생산성에 의거함으로써 이윤을 실현하는 것이 가능해질 것임을 의미하기 때문이다. 더욱이 인플레이션의 위험요인이 제거되기 때문에, 중앙은행은 화폐 비용을 높이는 것을 피할 수 있다. 다시 말해, 기업 경제와 가계 경제 양자로부터의 신용에 대한 상당한 수요 증대에도 불구하고 금리를 계속해서 낮게 유지할 수 있다.

경기후퇴 동안 노동 생산성의 전례 없는 지속은 신경제의 경기순환의 논리를 이해하기 위한 결정적인 요인이다. 우리는 이 문제를 부분적으로 이미 앞에서 다루었다. 새로운 것은 노동 생산성이 이윤의 하락(2001년에는 20% 하락)과 병행하여 늘어났다는 것이다. 이전에는 이러한 조합이 전혀 없었다. 컨퍼런스보드[6]의 연구에 따르면, 미

---

6. [옮긴이] 미국의 대표적인 경제조사기관으로 본부는 뉴욕에 있다. 경제단체, 산업별 협동조합, 노동조합, 대학 등 약 4천 명의 회원을 상대로 경제·경영 등에 대한 조사활동을 수행하고 그 결과를 발표하고 있다.

국에서의 생산성 소득은 유럽연합의 3배이며, 이는 정보 과학기술 부문뿐만 아니라 모든 경제 부문들을 포함한 것이다. 신경제에 가장 비판적이었던 로버트 고든 같은 경제학자들조차 이제는, 1995년 이후 미국 경제가 정말 변했으며, 신경제가 금융시장에서 투기적 거품으로 환원[축소]될 리 없다고 확신한다.

노동력의 유연성과 노동 비용의 **가변성** 덕택에 경기후퇴 동안 생산성이 성장할 수 있었다. 한편으로, 예상할 수 있는 일이지만, 스톡옵션이나 상여금 같은 급여의 가변 비율은 상당히 감소한 반면, 다른 한편으로 임시직 노동자들의 해고는 노동의 전반적인 비용을 노동 생산성의 증가율 **아래로** 유지할 수 있도록 했다. 임시직들이 미국 급여 비용의 단지 2%만을 차지하기는 해도, 2001년 사라진 임시직 일자리의 숫자는 전체의 30%에 이른다. 전체 노동 비용과 연동된 유연 노동의 바로 이 예비 공급으로 인해, 생산성의 증대는 일자리를 유지한 자들의 가처분 소득을 실질적으로 증가시킬 수 있다.

좀 더 면밀하게 살펴보자. 2001년 동안 자본재(기계류, 새로운 과학기술들) 지출의 급격한 하락 그리고 미판매 재고들의 급격한 축소는 — 이전의 [경기]순환과 비슷한 상태였다면 — 대량 해고의 물결, 소득의 급락, 결과적으로 매우 심각한 경기후퇴 등을 야기했어야 했다. 실제로 경기후퇴 기간에 우리가 목격했던 것은 상승했던, 그러나 5.8%를 넘지 않았던(1981~82 경기후퇴의 10.8%보다 훨씬 아래인) 실업률이다. 더욱이 생산성의 상승 덕에, 생산과 실질 가계 소득은 고용 하락에도 불구하고 증가했다. 그리고 이것이 정확히 2001년에 일어났던 일이다. 신경제의 전체 생산물은 0.4% 성장했고, 실질 임금은 2.5% 늘어났으며, 소비 지출은 3.1% 상승했다.

신경제가 과잉생산 위기를 피할 수 있도록 해준 다른 요인들이 있다는 것은 분명하다. 재고 관리 시스템의 전산화, 새로운 과학기술들의 수명 단축(이 수명단축은 위기로 심한 타격을 받은 부문, 즉 과학기술 부문으로 하여금 미판매 재고들을 더 빠르게 줄일 수 있도록 해 주었다), 경기후퇴가 공식적으로 인지되기 훨씬 전에 금리를 낮추는 연방 준비 제도이사회의 신속성 등이 그 요인들이다.

경기순환의 동역학에서 일어난 구조적 변화는 우리가 유연한 노동력의 역할에 대해 살펴볼 것을 요구한다. 신경제의 성장뿐만 아니라 그것이 경기후퇴 국면에서 지속될 수 있도록 보장해 준 것이 바로 노동력의 일반적 유연성이다. 이제 유연성은, 시장이 강력할 때 고용했다가 수요가 하락할 때 해고하면서 자본이 사적으로 관리하는 집단재 collective good이다. 유연성이 하나의 집단재인 것은 그것이 산 노동의 일반지성, 지성 일반, 즉 빠올로 비르노가 주목했듯이, "정신의 가장 일반적인 능력aptitudes : 언어 역량, 배우려는 경향, 기억, 추상적으로 사고하고 연관 지을 수 있는 능력, 자기성찰의 경향"(Virno, 2002, 77쪽)이기 때문이다. 이러한 일반적인 인간적 자질들이 없다면, 사고하고 행동할 수 있는, "자기 자신의 노동과 타자들이 수행한 과업 사이의 연결"을 조절할 수 있는 이러한 단순한 능력faculty이 없다면, 노동의 유연성은 상상할 수조차 없었을 것이다. 우리는 (협력적 자질을 갖춘) 노동력의 유연성의 집단적/공적 질을 인식해야 한다. 그렇지 못하면 자본으로 하여금 회복 국면의 이득을 사유화하면서 위기의 비용을 사회화하도록 허용할 수 있다.

신경제 경기순환에 대한 분석에서 또 하나의 근본적인 요소는 생산시간과 노동시간의 불균형과 관련된다. 비르노는 다음과 같이 쓰고 있다.

> 포스트포드주의에서, '생산시간'은 비노동시간 그리고 그로부터 자라나오는 사회적 협력을 포함한다. 그래서 나는 보상된compensated 삶과 보상받지 못한non-compensated 삶의 분리 불가능한 통일을, 공공연한 사회적 협력과 은폐된 사회적 협력을 '생산시간'이라고 부른다. 노동시간은 이렇게 이해된 생산시간의 단지 하나의 (반드시 가장 중요한 것은 아닌) 성분이다.(같은 책, 74쪽)

조금 다르게 말하자면, 소통적-관계적 행위의 생산적 에너지에 기반을 둔 경제에서 우리는 TV를 시청하면서조차 생산한다. [그렇게 하면서] 우리는 시청률을, 그리하여 광고 수입 등을 올려주기 때문이다.

그래서 포스트포드주의 시기에는 잉여가치가 무엇보다 노동시간으로 계산되지 않는 생산시간과, 말 그대로의 노동시간 사이의 시간 차이에 의해 결정된다는 점이 주목되어야 한다. 중요한 것은 이제 노동시간 내부의, 필요시간과 잉여시간 사이의 불균형뿐만 아니라, 또한 (어쩌면 이것이 더 중요한데) 노동시간과 (비노동non-work, 그리고 이 비노동의 특별한 생산성을 자체 안에 포함하는) 생산시간 사이의 불균형이다.(같은 곳)

맑스주의 용어로 자본을 하나의 **사회관계**로 규정하는 이 불균형 속에서 전쟁은 이중적 역할을 수행한다. 하나는 고전적인 역할이며, 다른 하나는 포스트포드주의의 제국적 형태와 동질적인 역할이다.

첫째, 신경제의 경기후퇴 국면에서, 전쟁은 신경제의 '열광' 국면에서 생산된 정보재 잉여의 일부를 흡수하기 위한 호기occasion를 나타낸다. 9월 11일 이후 군사 및 국내 안보를 위해 증가된 지출은, 정보 과학기술 부문이, 억압적인 감시와 보안 조치들을 중심으로 하는 사회의 건설 속에서 새로운 시장 판로를 찾을 수 있게 해주었다. 테러리즘과 싸운다는 명목으로 이루어지는 감시의 컴퓨터화와 사적 영역의 파괴는 사실, 안 그랬다면 해체되었을 과학기술적 잉여의 상당 부분을 재활용하게 했다. 새로운 과학기술들을 위한 이러한 시장 확대는 미국에만 한정되는 것이 아니라, (국가 안보 보좌관 콘돌리자 라이스가 정교화한) '부시 독트린'에 따라 테러리즘과의 전투에서 그들의 결단을 과시하고 그리하여 미국의 경제 원조를 '받을 만한 자격이 있는' 일단의 국가들에도 적용된다. 경제 원조가, 반미 테러리즘을 성장시키고 정당화시키는, 빈곤을 제거하기 위한 것이 아님을 상기해야 한다. 미국 철강 산업을 보호하기 위해 전혀 자유주의적이지 않은 관세 장벽이 부과되거나, OPEC에 대한 미국의 의존도를 줄이기 위해 (사우디아라비아의 민중들에게는 비참한 결과를 가져다 준) 거대 석유 동맹이 러시아로 이전한 것에서 알 수 있는 것처럼 말이다. 오히려 그 [경제] 원조는 지역적인 사회적 저항 운동을 억압하기 위한 하도급(아웃소싱) 형태 속에서 직접적인 해외 투자로 이루어진다.

둘째, 미국에 의해 수행되는 테러리즘에 대한 전쟁은 다른 수단에 의한 신경제의 지속을 의미한다. 신경제는 소련의 멸망을 특징으로 하는 국제적 맥락 속에서 형태를 갖추었다. 소련의 멸망은 정보-과학기술 혁명을 배경으로 하여 세계정부의 형태 문제를 제기했다. **탈극화**depolarization 과정으로부터 출현하는 전 지구적인 정치적-군사적 규제, 그리고 이원적인 국제 균형 형태의 극복을 가리키기 위해 **제국**이라는 용어가 사용되게 된다.

1990년대 초반 제국은 **무질서의 제국**, 즉 도무지 예측 불가능한 폭발적 변수들의 집합으로 모습을 드러냈다. 미국의 과학기술적 우위를 기반으로 무질서의 제국을 통치하기 위해서는 새로운 **실질적인**substantive 전 지구적인 전략, 즉 바르샤바 조약[7]이 종결된 이후 지역 동맹들의 형식적-제도적 규정을 넘어설 수 있는 전략이 정교화될 필요가 있었다. 소련의 붕괴는 사실상, 위험들로 가득 찬 세계라는 이미지를 흐릿하게 만들었다. 따라서 [당시] 필요했던 것은 새로운 개념적 수단들, 다시 말해 세계-체제의 작동 논리와 그 내적 모순들을 설명할 수 있는 **표상들과 패러다임들**이었다.

1993년 앨빈 토플러와 하이디 토플러(『제3 물결 정보전쟁』), 사무엘 헌팅턴(『문명의 충돌』[8]), 그리고 앤서니

---

7. [옮긴이] 1955년 5월 동유럽 8개국이 서유럽 진영의 공동 방위 기구인 나토에 대항하기 위하여 체결한 상호 우호와 협력에 관한 조약. 동구 우호 협력 상호 원조 조약.
8. [옮긴이] 새뮤얼 헌팅턴, 『문명의 충돌』, 이희재 옮김, 김영사, 1997.

레이크(『봉쇄에서 확장으로』)는 다가올 시대를 위한 미국의 세계화 전략의 개념적 토대들을 규정했다. 이들 사이의 상당한 차이들에도 불구하고, 이 이론들은 클린턴이 대통령 지위에 있을 때, 그리고 이후 부시 행정부 아래에서 특히 중요하게 드러났던 일련의 측면들을 공유한다. 이 공통의 요점은 다음과 같다.

1) 전 지구적인 적의 절멸 그리고 군사적 양극주의의 실종에서 유래하는, 타자에 대한 비전략적, 비상호작용적 의식으로의 '자폐적'autistic 퇴각.

2) 전 지구적 위계 내부의 역전 불가능한 불평등이 현존한다는 전제를 기반으로 하는 근본적인 가정으로서 서방에 대한 미국의 지휘권 및 세계에 대한 서양의 지휘권.

3) 세계의 비양극적 복잡성 속에서 최소한의 군사 개입 원칙 추구.

4) 경제적인 것에 대한 정치적-군사적 지배가 존재하는 국가가 **전제**專制국가라는 정의. 경제적인 것, 특히 정보경제가 토플러와 레이크에게는 최우선이지만, 헌팅턴에게 경제적 우위는 문화적 정체성들(이들 가운데 유대-기독교적인 것만이 비전제적이다)의 갈등의 결과일 것이다.

바로 미국의 이 제국적 의식을 기반으로 해서 클린턴과

부시는 동일한 문제의 두 개의 상이한 접합, 즉 신경제의 전 지구적 규제를 보여준다. 클린턴 행정부에서 신경제의 팽창 국면은 앤서니 레이크가 제시한 **확장** 전략, 즉 시장 경제의 공간적 확장으로 해석되었다. 이 전략은 국민-국가의 자율을 군사적으로 파괴하는 디발카나이제이션 debalkanization 9과 미국의 과학기술적 우위의 보호 아래서, 제국의 재통일을 위한 전제를 포함한다. 이 전략은 국제적인 절합 속에서 신경제 패러다임에 일련의 구조적 약점이 있음을 드러내주는 전략이다. 동남아시아(1997~98)와 러시아(1988)의 금융 위기, 아울러 이것이 미국 내부에 끼친 영향(LTCM 헤지 펀드의 최근의 실패10), 그리고 아르

---

9. [옮긴이] 발카나이제이션은 원래 국제정치학 용어로, 여럿의 작고, 분열적이고, 기능을 제대로 못하는 국가로 나눈다는 의미를 지니고 있다. 디발카나이제이션은 그와 대립되는 의미로 기존 국민-국가의 틀을 그대로 유지하면서 군사적인 공격을 통해 정치적 지배를 관철하는 것을 말하는 것으로 보인다.

10. [옮긴이] LTCM(Long-Term Capital Management)은 헤지펀드의 부정적인 측면을 말할 때 대표적인 사례로 언급되는 헤지펀드의 이름이다. 1994년 설립돼 4년만인 1998년에 천억 달러를 날리며 침몰했다. 설립 당시 LTCM은 투자의 귀재 존 메리웨더가 1997년 노벨경제학상 수상자인 마이런 숄스 MIT교수, 로버트 머턴 하버드대 교수를 끌어들여 주목을 받았다. LTCM은 돈을 빌려 투자하는 '레버리지' 방법이었다. LTCM은 자기 돈의 50배가 넘는 1,250억 달러를 투기적으로 부사했다. 하지만 1998년 러시아가 모라토리엄(국가부토, 채무지불유예)을 선언하면서 러시아 채권이 휴지조각이 되고 만다. LTCM의 파산은 돈을 빌려 준 은행과 세계금융의 위기를 몰고 왔고, 미국 연방은행(FRB)은 36억5,000만 달러에 달하는 구제 금융으로 금융공황을 막았다. 이처럼 헤지펀드의 가장 큰 위협

헨티나의 위기는 고도로 금융화된 시장 경제를 연속적으로 보급하는 것에 포함된 모든 난점들을 드러낸다. 미국 군대에 의한 정보 과학기술의 응용은 갈등의 극장에 가상적으로 그리고 즉각적으로 개입하는 것을 가능하게 해준다. 그리고 국민-국가의 논리를 넘어서는 (또한 여전히 낡은 논리에 젖어 있는 미국의 논리를 넘어서는) 제국의 우위를 확증해준다. 그러나 이 과학기술적-군사적 우위는 전 지구적 배치에 존재하는 신경제의 내적 모순들을 해결하기에는 충분치 않다.

클린턴에서 부시로의 이행이 신경제의 위기를 특징으로 하고, 또한 미국 위기의 세계적 규모의 즉각적인 반향을 특징으로 했다는 것은 우연이 아니다. 우리는 이에 대해 앞에서 길게 이야기했다. 특히 경제의 디지털화를 고무하는 데 금융화 과정들의 힘이 어떻게 금융시장의 비대칭성에 기초하고 있는지, 다시 말해 미국 금융시장의 흡인력에 기초하고 있는지 강조했다. 이 흡인력은 경제적 자율을 성취하려는 나머지 세계의 모든 시도를 좌절시킨다. 다음과 같은 사실을 떠올리는 것으로 충분할 것이다. 유럽이 유로Euro 같은 지역 화폐로 대비를 했음에도 불구하

___

은 '수익을 내지 못하는 것'이다. 성격상 투기적 성격이 강하기 때문에 위험성이 매우 높아 파산할 경우 돈을 빌려준 채권자들에게 심각한 타격을 입힌다.

고, 자본이 전 지구적인 금융화 시스템에서 (그리하여 유럽적인 금융화 시스템에서도 역시) 수익이 가장 큰 곳으로 (즉 미국을 향해) 이동하기 때문에 유럽이 미국으로부터의 화폐적 독립을 할 수 없었다는 사실 말이다.

달리 말해, 신경제의 금융화는 디지털 과잉생산의, 그리하여 경제적 주기성cyclicity의 지렛대일 뿐만 아니라 클린턴식 확장 전략의 재시험에 가해지는 자극이다. 이 전략의 가장 큰 한계는 시장 경제의 보급이 제국적 확장주의와 국민-국가 사이의 모순보다 **훨씬 더 강력한 모순들에 의**해 하락한다는 사실에 있다.

미국 디지털 경제가 (토플러가 이론화한 것처럼) 자신의 우위를 주장하기 위해서는 신경제의 독특한 특징, 다시 말해, 경제 지상주의 패러다임 내부에 존재하는 기업적 행위의 **집단이기주의적**clanistic이고 **범죄적인** 본성을 어떻든 해결해야 한다. 주식시장 위기는 이미, 금융시장의 작동에서 특징적으로 볼 수 있는 '언어적 자기지시성'에 자극을 받은 수백만 명의 투자가들에 미친 효과들을 밝혀주었다. 그렇지만 특히 엔론 스캔들이야말로 경제 성장(또는 '무책임한 기업')과 협치governance에 대한 정치적 규제 사이의 집단이기주의적이고 마피아적인 관계를 설명해 준다.

클린턴에서 부시로의 이행을 가속화하는 데 도움을

준 신경제 특유의 또 다른 모순은 석유와 관계가 있다. 미국에서 경제적 **확장**이 좌초된 부분은 캘리포니아 에너지 위기였다. 에너지 시장의 자유화, 그리고 무엇보다도 에너지 생산의 사유화는 2001년 동안에 나타나 미국 소비자들에게 명백한 **부메랑**이 되었다. 캘리포니아 에너지 위기에 뒤이어 송유관 건설과, 미국과 러시아 사이의 동맹을 위한 중앙아시아 확장 계획들은 아랍 석유에 대한 미국의 의존을 완화해 주는 데 본질적일 것으로 생각되는 전략적 조치들이다. 빈 라덴의 공격 타이밍은 이러한 확장주의적 계획들이 이미 돌이킬 수 없는 단계에 도달했다는 인식에 의해 결정되었을 확률이 크다.

제국의 정치적 규제 형태인 신경제의 모순들의 바로 이 내부에서 우리는 빈 라덴에 맞서는 그리고 테러리즘 일반에 맞서는 성전聖戰을 선언하는 부시의 선택을 설명할 수 있다. 이데올로기적 표현의 관점에서 볼 때, 이것은 헌팅턴 개념의 완전한 회복이 된다. 하지만 이번에는 수세적인 맥락이 아니라 공격적인 맥락에서 그렇다. 이것의 기본적인 특징들은 이미 클린턴 행정부의 확장 전략의 일부가 되었다. 이슬람 문명에 대한 서양 문명의 우위는 신경제의 승리를 보증하는 적의 절멸을 '정당화한다.' 최우선적으로, 서양 문명의 적인 테러리즘에 집중하자는 결정은 세계화의 경제적·사회적 모순들을 야기하지 않으면서, 서양 경제의 테러리즘, 즉 엔론의 테러리즘과 부시 정부의 현재 구성원들의 테러리즘의 중죄重罪를 대단치 않게 해준다.

부시 독트린의 최초의 분명한 응용은 2001년 7월 제노바에서 열린 G8 회담에서 일어난 '반세계화' 항의에 대한 폭력적인 진압이었다. 그렇지만 이스라엘이야말로 이 독트린을 위한 참된 실험실이다. 이곳에서 확장주의와 적의 절멸은 동전의 양면이다.

결론적으로 나는 '삶정치' 개념에 대해 간단하게 살펴보는 것이 중요하다고 생각한다. 이 개념은 제국의 배치를 기술하기 위해 1990년대에 사용되었다. 이미 말한 바처럼 제국이 기능하기 위해서는 평화를 필요로 한다. 따라서 휴머니즘적 목적들을 위한 군사적 개입은 벌거벗은 삶에 대한 통치와 상반되는 것, 즉 삶 그 자체에 대한 통치를 의미한다. 지금까지 우리가 말한 바에 비추어 볼 때, 나는 삶정치 개념이 실제로 실현되었다고 주장하기는 어려운 것 같다. 문제는 이 개념이 눈에 띌 정도로 수많은 모호함에 오염되어 있다는 것이다.

빠올로 비르노가 다음과 같이 말할 때 그는 더할 나위 없이 옳다.

인간 실존의 잠재적 차원, 즉 말해진 단어가 아니라 말할 수 있는 능력, 현실적으로 행해진 노동이 아니라 생산할 수 있는 일반적 능력에 속하는 것에 삶정치가 존재한다. 최초의 우선성이 직접적인 경험 속에서 주어져 있는 곳에 삶정치가 존재한다.(Virno, 2002, 56쪽)

삶정치에서 노동력의 살아 있는 신체는 **오로지** '순전한mere 능력의 기층基層'으로서, 진정 자본에게 중요한 유일한 것의 그릇으로서 관리/규제된다. 즉 노동력은 가장 다양한 인간 능력들의 집합이다.

삶은, 문제가 되고 있는 것이 무형의 (그리고 그 자체로는 또한 저절로는 현존하지 않는) 노동인구일 때 언제나 정치의 한가운데에 위치한다. 이럴 때에만, 그리고 오직 이럴 때에만, 삶정치에 대해 말하는 것이 정당하다. 살아 있는 신체는 국가의 행정 기구의 관심사로서, 아직 실현되지 않은 힘의 유형의tangible 기호이며, '아직 대상화되지 않은' 노동의 시뮬라크라, 또는 맑스가 뛰어난 표현으로 말한 것처럼, '주체성으로서의 노동'의 시뮬라크라이다.(같은 책, 55쪽)

이것은 세계화 및 전 지구적 **협치**governance의 현재 국면을 이해하기 위한 결정적인 세부내용이다. 삶정치는 자본주의적인 전 지구적 통치[정부]의 특권이 아니다. 클린턴 행정부의 시대 동안 삶정치는 신비화된 형태로만, 그렇지만 항상 전 지구적 규모의 경제적 확장 전략 내부에, 존재했다. 다중이 스스로 살아가도록 할 수 있는 정치, 다중의 신체를 보살피는 정치, 즉 **아래로부터의 삶정치**를 발전시키는 것은, 그러므로 저항 운동들의 몫이다.

옮긴이 후기

이 책의 번역이 마무리될 즈음, 그러니까 2013년 6월 19일, 벤 버냉키 미국 연방 준비제도이사회 의장이 양적완화 축소 방침을 밝혔다. 미국의 경기부양을 위해 시중에 푸는 돈의 규모를 줄이겠다는 것이다. 그날 이후 전 세계 금융시장은 요동을 치고 있다. 한국도 예외가 아니어서 여기저기서 금리 상승과 집값 하락 등으로 인한 가계 대출 문제의 폭발을 걱정하는 목소리가 높다. 실제로 코스피 지수가 하락하고 환율이 상승하는 등 주식시장과 외환시장이 크게 출렁이고, 외국인의 자금 이탈도 진행되고 있다. 태평양에서 건너 온 버냉키의 '발화(언어)'가 한국을 뒤흔들고 있는 것이다. 버냉키 의장이 금리 인상을 시사하는 발언을 하면 전 세계의 주가가 급락하는 현상을 '버냉키 쇼크'라고 한다. 출구 전략에 대한 버냉키의 '발화'에 의해 세계 증시가 흔들리고 세계경제가 출렁이는 이유는 무엇인가?

미국은 이번 사태를 통해 경기를 회복하고 그들이 바라는 정상頂上/正常의 자리를 유지할 것인가? 이러한 쇼크가 신흥국들과 개도국들에게는 어떠한 영향을 미칠 것인가?

이 책『자본과 언어』는 바로 이러한 금융 위기의 본질을 천착한 책으로 우리에게 많은 시사점을 던져 준다. 마라찌는 현재의 금융시장의 작동 방식을 이해하고 그것에서 벗어날 수 있는 가능성을 탐구하기 위한 이론적 출발점으로 언어와 소통의 분석에서 출발한다. 그는 2001년의 금융 위기와 이후의 경기순환에 대한 분석을 통해 금융화가 오늘날의 사회적, 인지적 생산과정에 조응하는 새로운 축적 방식임을 보여준다. 마라찌는 자본이 어떻게 금융 위기를 통해 축적을 이어나가는지, 그리고 다중은 어떻게 그러한 위기 속에서 잠재적 자율을 확장하고 삶정치를 이루어낼 수 있을지 모색한다.

마라찌는 이미 국내에『금융자본주의의 폭력』(심성보 옮김, 갈무리, 2013)으로 소개된 바 있다.『자본과 언어』는 국내에 소개되는 두 번째 책이 되는 셈인데, 출간 시기와 분량, 다루고 있는 주제의 깊이의 측면에서 볼 때, 오히려 마라찌의 주저라고 할 수 있다.『자본과 언어』가 2001년의 금융 위기를,『금융자본주의의 폭력』이 2009년의 금융 위기를 주로 다루고 있어 두 책을 함께 읽는다면 오늘날의 금융화된 자본주의를 이해하는 데 큰 도움을 얻을 수 있을 것이라고 생각한다. 여기에 마라찌의 또 다른 책인 『자본과 정동』(갈무리, 근간)이 덧붙여진다면, 우리는 유럽의 포스트포드주의 운동에서 지도적 위치를 차지하고 있는 그의 주요 저작들을 갖추게 되어 자율의 기획을 위한 풍성한 논의가 이루어질 것으로 기대할 수 있을 것이다.

이 책을 처음 접한 것은 영어본이 출간된 2008년이었다. 평소 경제 현상, 특히 금융과 관련해서는 거의 아무런 지식이 없는 문외한으로서 이 책을 옮기기가 쉽지는 않았다. 그래서 다른 책들의 번역으로 잠시 미루어 두었다가 틈틈이 작업을 하여 완성할 수 있었다. 아무래도 금융에 대한 나의 무지가 이 책의 번역에 반영되었을 것 같아 벌써부터 걱정이 앞선다. 이 책 또한 여러분들의 도움을 받아 이루어진 공통의 결실이다. 초역된 원고를 읽고 꼼꼼하게 검토해 주신 심성보, 김영철 님에게 감사드린다. 항상 기다려 주시고 격려해 주시는 조정환 선생님께 특별한 감사의 인사를 드린다. 번역에 도움을 주신 이유정 선생님과 김경하 선생님에게도 고마움을 전하고 싶다. 그리고 무엇보다 이 책의 출간을 위해 노고를 아끼지 않은 오정민 님과 갈무리 출판사 동지들께 진심으로 감사드린다.

2013년 6월
서창현

:: 참고문헌

AGLIETTA M. (1995), *Macrotconomie fianciere,* La Decouverte, Paris. [미셸 아글리에타, 『금융제도와 거시경제』, 전창환 옮김, 문원출판, 1998]

AGLIETTA M., ORLÉAN A. (1998), *La monnaie souveraine,* Odile Jacob, Paris.

AGLIETTA M., LUNGHINI G. (2001), *Sul capitalimo contempomneo,* Bollati Boringhieri, Turin.

AGOSTINELLI M. (1997), *Tempo e spazio nell'impresa postFordista,* manifestolibri, Rome.

ARRIGHI A. (1994), *The Long Twentieth Century: Money, Power, and the Origins of Our Times,* Verso, New York-London. [조반니 아리기, 『장기 20세기』, 백승욱 옮김, 그린비, 2008]

ARRIGHI E. (1974), *Le profits et les crises,* Maspero, Paris.

AUSTIN A. J. (1975), *How to Do Things With Words,* Harvard University Press, Cambridge. MA. [J. L. 오스틴, 『말과 행위』, 김영진 옮김, 서광사, 1992]

BAUMAN Z. (1998), *Globalization: The Human Consequences,* Columbia University Press, New York. [지그문트 바우만, 『지구화, 야누스의 두 얼굴』, 김동택 옮김, 한길사, 2003]

BERARDI F. (BIFO) (2001), *La fabbrica dell'infelicita,* DeriveApprodi, Rome.

BOLOGNA S., FUMAGALLI A. (eds.) (1997), *Il lavoro autonomo di seconda generazione,* Feltrinelli, Milan.

BOYER-XAMBEAU M., DELEPLACE G., GILLARD L.(1994), *Private Money* and Public Currencies: The Sixteenth Century Challenge, M.E. Sharpe, Armonk, New York.

BRONSON P. (2000), The Nudist on the Late Shift and Other Tales of Silicon Valley, Vintage, New York.

CEPII (1998), L'économie mondiale 1999, La Découverte, Paris.

CEPII (1998), L'économie mondiale 2001, La Découverte, Paris.

CHIAPELLO E., BOLTANSKI L. (1999), Le nouvel esprit du capitalisme, Gallimard, Paris.

CHICCHI F. (2001), Derive sociali. Percarizzazione del lavoro, crisi del legame sociale e egemonia culturale del rischio, Franco Angeli, Milan.

CHOMSKY N. (1998), Profit Over People: Neoliberalism and Global Order, Seven Stories Press, New York. [노암 촘스키, 『그들에게 국민은 없다』, 강주헌 옮김, 모색, 1999]

CILLARIO L., FINELLI R. (eds.) (1998), Capitalismo e conoscenza. L'astrazione del lavoro nell'era telematica, manifestolibri, Rome.

CIMATTI F. (2000a), La scimmia che siparla, manifestolibri, Rome.

CIMATTI F. (2000b), Nel segno delcerchio, manifestolibri, Rome.

COHEN D. (2002), The Nature of Capitalism in the Information Age, MIT Press, Cambridge, MA.

CORIAT B. (1993), Ripensare l'organizzazione del lavoro, Dedalo, Bari.

DAVENPORT T. H., BECK J. C. (2001), The Attention Economy: Understanding the New Currency of Business, Harvard University Press, Cambridge, MA. [토머스 데이븐포트·존 벡, 『관심의 경제학』, 김병조·권기환·이동현 옮김, 21세기북스, 2006]

DAVIS M. (1998), *Ecology of Fear: Los Angeles and the Imagination of Disaster,* Metropolitan Books, New York.

DECECCO M. (1998), *L'oro d'Europa,* Donzelli, Rome.

DELEUZE G. (1993), *Critique en clinique,* Ed. De Minuit, Paris. [질 들뢰즈, 『비평과 진단』, 김현수 옮김, 인간사랑, 2000]

DRUCKER P. (1976), *The Unseen Revolution: How Pension Fund Socialism Came to America,* Heinemann, London. [피터 드러커, 『복지혁명』, 조희영 외 옮김, 민영사, 1981]

DEPUY J., *Lapanique,* Laboratoire Delagrange, Paris.

FIOCCO L. (1998), *Innovazione tecnologica e innovazione sociale. Le dinamiche del mutamento della societa capitalistica,* Rubettino, Soveria Mannelli.

FUMAGALLI A. (ed.) (2001), *Finanzafai da te,* DeriveApprodi, Rome.

GALLI C. (2001), Spazi politici. *Veta moderna e I'età globale, UMulino,* Bologna.

GALLING L. (2001), *Globalizzazione e disuguglianze,* Laterza, Rome-Bari.

GILIOLI A., GILIOLI R. (2001), *Stress Economy,* Mondadori, Milan.

HABERMAS J. (1984), *The Theory of Communicative Action,* Beacon Press, Boston. [위르겐 하버마스, 『의사소통행위이론 1, 2권』, 장춘익 옮김, 나남출판, 2006]

HABERMAS J. (2001), *The Postnational Constellation,* MIT Press, Cambridge, MA.

HARDT M., NEGRI, A. (2000), *Empire,* Harvard University Press, Cambridge, MA. [안토니오 네그리·마이클 하트, 『제국』, 윤수종 옮김, 이학사, 2001]

HARRISON B. (1994), *Lean and Mean: The Changing Landscape of Corporate Power in the Age of Flexibility,* Basic Books, New York. [베넷 해리슨, 『세계화시대 대기업의 진화』, 최은영 외 옮김, 한울아카데미, 2007]

HENWOOD D. (1997), *Wall Street,* Verso, New York-London. [더그 헨우드, 『월스트리트 누구를 위해 어떻게 움직이나』, 이주명 옮김, 사계절출판사, 1999]

HILLMAN J. (1972), *Pan and the Nightmare,* Spring Publications, New York.

HIRST P., THOMPSON G. (1997), *Globalization in Question: The International Economy and the Possibilities of Governance,* Polity Press, Cambridge.

JAKOBSON R. (1971), *Il farsi e disfarsi del linguaggio. Linguaggio infantile e afasia,* Einaudi, Turin.

JEUDY H. P. (1997), *Panico e catastrophe,* Costa&Nolan, Genoa.

KALDOR M. (1999), *New and Old Wars: Organized Violence in a Global Era,* Stanford University Press, Stanford, CA.

KEYNES J. M. (1937), *The General Theory of Employment,* "Quarterly Journal of Economic," now in *Collected Writings,* vol. XIV, London, 1973. [존 메이너드 케인스, 『고용, 이자 및 화폐의 일반이론』, 조순 옮김, 비봉출판사, 2007]

KEYNES J. M. (1973), "The General Theory of Employment, Interest and Money" in *Collected Writings,* vol. VII, London.

KLEIN N. (1997), *No Logo,* Knopf, New York. [나오미 클라인, 『슈퍼 브랜드의 불편한 진실』, 이은진 옮김, 살림Biz, 2007]

KRUGMAN P. (2001), *Fuzzy Math: The Essential Guide to the Bush Tax*

Plan, Norton, New York.

LESSARD B., BALDWIN S. (2000), *NetSlaves: True Tales of Working the Web,* McGraw-Hill, New York.

LORDON F. (2000), *Fonds de pension, piege a cons? Mirage de la democratic actionnariale,* Seuil, Paris.

LUHMANN N. (1996), *Risk: A Sociological Theory,* Aldine Transaction, Piscataway, N. J.

MAGRINI M. (1999), *La ricchezza digitate,* II Sole 24Ore, Milan.

MANDEL M. J. (2000), *The Coming Internet Depression,* Basic Books, New York. [마이클 만델, 『인터넷 공황』, 이강국 옮김, 이후, 2001]

MAYER M. (2001), *The Fed,* The Free Press, New York.

MARAZZI C. (1998), *E il denaro va,* Bollati-Boringhier — Edizioni Casagrande, Turin-Bellinzona.

MARAZZI C. (1999), *Il posto del calzini,* Bollati-Boringhieri, Turin.

MARX K. (1998), *Capital,* GBR ElecBook, London. [칼 마르크스, 『자본론 1~3권』, 김수행 옮김, 비봉출판사, 2001~5]

MARX K. (1993), *Grunarisse: Foundations of the Critique of Political Economy,* Penguin Classics, New York. [칼 마르크스, 『정치경제학 비판 요강 1~3권』, 김호균 옮김, 그린비, 2007]

MAUGERI L. (2001), *Petrolio. Falsi miti, sceicchi e mercati che tengono in scacco il mondo,* Sperling & Kupfer, Milan.

MURARO L. (1992), *L'ordine simbolico delta madre,* Editori Riunit, Rome.

MURARO L. (1998), *Maglia o uncinetto?,* manifestolibri, Rome.

NAPOLEONI C. (1976), *Valore,* ISEDI, Milan.

ORLÉAN A. (1988), *Per una teoria delle aspettative in condzioni di incertezza,* in *Moneta e produzione,* Einaudi, Turin.

ORLÉAN A. (1999), *Le pouvoir de la finance,* Odile Jacob, Paris.

PELLEREY R. (2000), *Il lavoro delta parola, Linguaggi, poteri, tecnologie della comunicazione,* UTET, Turin.

RAMPINI F. (2000), *New Economy,* Laterza, Bari.

RAMPINI F. (2001), *Dall'euforia al crollo,* Laterza, Bari.

REVELLI M. (2001), *Oltre ilnovecento,* Einaudi, Turin.

RIFKIN J. (2000), *The Age of Access,* Tarcher, Los Angeles. [제러미 리프킨,『소유의 종말』, 이희재 옮김, 민음사, 2001]

RULLIANI E., ROMANO L, (eds.) (1998), *Il postfordismo. Idee per il capitalismo prossimo venture,* Etaslibri, Milan.

SASSEN S. (1994), *Cities in a World Economy,* Pine Forge Press, Thousand Oaks, CA. [사스키아 사센,『경제의 세계화와 도시의 위기』, 남기범 · 유환종 · 홍인옥 옮김, 푸른길, 1998]

SASSEN S. (1996), *Losing Control?,* Columbia University Press, New York.

SASSEN S. (1996), *Migranten, Siedler, Fluchtlinge. Von der Massenauswanderung zur Festung Europa,* Fischer Taschenbuch Verlag, Frankfurt am Main.

SCHAMA S. (1987), *The Embarrassment of Riches,* Knopf, New York.

SCHILLER D. (2000), *Digital Capitalism: Networking the Global Market System,* MIT Press, Cambridge, MA. [댄 쉴러,『디지털 자본주의』, 추광영 옮김, 나무와숲, 2001]

SHILLER R. (2000), *Irrational Exuberance,* Princeton University Press, Princeton. [로버트 쉴러,『이상과열』, 이강국 옮김, 매일경제신문

사, 2003]

SCHRAGE M. (2000), "Getting Beyond The Innovation Fetish," *Fortune*, November 13.

SEARLE J. R. (1983), *Intentionality: An Essay in the Philosophy of Mind*, Cambridge University Press, Cambridge.

SENNET R. (1998), *The Corrosion of Character: The Personal Consequences of Work in the New Capitalism*, Norton, New York. [리차드 세넷, 『신자유주의와 인간성의 파괴』, 조용 옮김, 문예출판사, 2002]

SHEFRIN H. (2000), *Beyond Greed and Fear: Understanding Behavior Finance and the Psychology of Investing*, Harvard Business School Press, Boston.

SCHOR J. (1993), *The Overworked American: The Unexpected Decline of Leisure*, Basic Books, New York.

SOROS G. (1998), *The Crisis of Global Capitalism*, Little Brown, London-New York. [조지 소로스, 『세계 자본주의의 위기』, 형선호 옮김, 김영사, 1998]

STRANGE S. (1998), *Mad Money: When Markets Outgrow Governments*, Manchester University Press, Manchester. [수잔 스트레인지, 『매드 머니』, 신근수 옮김, 푸른길, 2000]

TIVEGNA M., CHIOFI G. (2000), *News e dinamica dei tassi di cambio*, il *Mulino*, Bologna.

TOMMATIS A. (1990), *L'oreille et la vie*, Laffront (I ed. 1977) Paris.

VELTZ P. (2000), *Le nouveau monde industriel*, Gallimard, Paris.

VIRNO P. (1994), *Mondanitá. L'idea di mondo tra esperienza sensibile e sfera pubblicai*, manifestlibri, Rome.

VIRNO P. (1995), *Parole con parole. Poteri e limit del linguaggio,* Donzelli, Rome.

VIRNO P. (2001), *Lavoro e linguaggio,* in Zadini A., Fadini U., (eds.) *Lessico post-Fordista,* Feltrinelli, Milan.

VIRNO R (2002), *Saggi di filasofia di linguaggio,* Ombre Corte, Verona.

VIRNO P. (2002), *Grammatica della multitudine,* DeriveApprodi, Rome. [빠올로 비르노, 『다중』, 김상운 옮김, 갈무리, 2004]

VITALE A. (1998), *I paradigmi dello sviluppo. Le teorie delta dipendenza, dellt regolazione e dell'economia-mondo,* Rubbettino, Soveria Mannelli.

WALDROP B. (1992), *Complexity: The Emerging Science at the Edge of Order and Chaos,* Simon and Schuster, New York.

WOODWARD B. (2000), *Maestro: Greenspan's Fed and the American Boom,* Simon and Schuster, New York. [밥 우드워드, 『마에스트로 그린스펀』, 한국경제신문 국제부 옮김, 한국경제신문, 2002]

ZANINI A., FADINI U. (eds.) (2001), *Lessico postfordista,* Feltrinelli, Milan.

ZARIFIAN P. (1995), *Le travail et I'énvenement,* L'Harmattan, Paris.

ZARIFIAN R (1996), *Travail et communication,* PUF, Paris.

ZARIFIAN P. (2001), *Temps et modernitt. Le Temps comme enjeu du monde moderne,* L'Harmattan, Paris.

:: 크리스티안 마라찌 저작 목록

이탈리아어

Il comunismo del capitale. Biocapitalismo, finanziarizzazione dell'economia e appropriazioni del comune, Ombre Corte, 2010.

Finanza bruciata, Casagrande, 2009.

Nuovi bisogni. Nuovo welfare. Analisi dell'evoluzione delle prestazioni sociali in Canton Ticino, SUPSI, 2007.(Spartaco Greppi, Emiliano Soldini와 공저)

La salute flessibile, Salvioni, 2007.(Cinzia Campello와 공저)

Reinventare il lavoro, Ediz. Sapere, 2005.(La Rosa Michele, Chicchi Federic Laville Jean-Louis와 공저)

"Società e new economy", *Sociologia del Lavoro*, Issue 98, 2005, pp. 31~42.

La moneta nell'impero, Ombre Corte, 2002.(Andrea Fumagalli, Adelino Zanini와 공저)

Capitale & linguaggio. Ciclo e crisi della new economy, Rubbettino, 2001.

E il denaro va: Esodo e rivoluzione dei mercati finanziari, Edizioni Casagrande, 1998.

La Svizzera verso un deserto industriale? Ristrutturazioni aziendali, lavoro autonomo e tempo di lavoro, Nodolibri, 1995.(Bruno Strozzi, Sergio Agustoni와 공저)

Il posto dei calzini. La svolta linguistica dell'economia e i suoi effetti nella politica, Casagrande, 1994.

영어

The Violence of Financial Capitalism, Semiotext(e), 2011. [『금융-자본주의의 폭력』, 심성보 옮김, 갈무리, 2013]

Capital and Affects: The Politics of the Language Economy, Semiotext(e), 2011. [『자본과 정동』, 갈무리, 근간]

"Dyslexia and The Economy", *Angelaki : Journal of the Theoretical Humanities. Sep 2011*, Vol. 16 Issue 3, pp. 19-32.

Capital and Language: From the New Economy to the War Economy, Semiotext(e), 2008. [『자본과 언어』, 서창현 옮김, 갈무리, 2013]

Autonomia: Post-Political Politics, Semiotext(e), 2007.(Sylvere Lotringer와 공저)

"Rules for the Incommensurable", *Substance: A Review of Theory & Literary Criticism*, Vol. 36 Issue 1, 2007, pp. 10~36.

프랑스어

Le socialisme du capital, Éditions diaphanes, 2013

La brutalité' financiére : Grammaire de la crise, Editions de l'éclat, 2013.

"La monnaie et la finance globale", *Multitudes 1/2008 (n°32)*, pp. 115-126 (www.cairn.info/revue-multitudes-2008-1-page-115.htm)

Antonella Corsani et Christian Marazzi, "Biorevenu et resocialisation de la monnaie", *Multitudes 4/2006 (no 27)*, pp. 37-42(www.cairn.info /revue-multitudes-2006-4-page-37.htm).

"L'amortissement du corps-machine", *Multitudes* 4/2006 (no 27), pp. 27-36(www.cairn.info/revue-multitudes-2006-4-page-27.htm).

Et vogue l'argent, Éditions de l'Aube, 2004.

"À l'ère de la sécurité sociale mondiale", *Multitudes 4/2001 (n°7)*, pp.

38-50(www.cairn.info/revue-multitudes-2001-4-page-38.htm).

"La révolution dérivée", *Multitudes 2/2000 (n°2)*, pp. 48-67(www.cairn.in

fo/revue-multitudes-2000-2-page-48.htm.

La place des chaussettes, Éditions de l'Éclat, 1997.

독일어

Sozialismus des Kapitals, Diaphanes Verlag, 2012.

Verbranntes Geld, Diaphanes Verlag, 2011.

Fetisch Geld. Wirtschaft, Staat, Gesellschaft im monetaristischen Zeitalter,

Rotpunktverlag, 1999.

Der Stammplatz der Socken, Seismo, 1998.

스페인어

*El sitio de los calcetines : el giro lingüístico de la economía y sus efectos

sobre la política*, Akal; Tra edizione, 2009.

"Democracia económica y diferencia", *DUODA: estudis de la diferència

sexual*, 2006: Núm.: 30(http://www.raco.cat/index.php/DUODA

/article/view/63170).

일본어

『資本と言語 : ニューエコノミーのサイクルと危機』, 人文書院, 2010.

「世界的ガバナンスのキメラ」, 『現代思想』, Vol. 39 No. 3, pp. 130-133. 2011.

「械=身体の減価償却」, 『現代思想』, Vol. 35 No. 8, pp. 52-69, 2007.

:: 본문 내에 사용된 이미지의 출처
1장 표지 : http://www.flickr.com/photos/36495803@N05/8463683689/
2장 표지 : http://www.flickr.com/photos/azrainman/2085541144/
3장 표지 : http://www.flickr.com/photos/39333270@N05/6234928908/
4장 표지 : http://www.flickr.com/photos/sashakimel/6189791433/